子育てがラクになる
自己尊重トレーニング

おかあさんが もっと自分を 好きになる本

北村年子
kitamura toshiko

新装版

学陽書房

本書は2003年に小社より発刊した
『おかあさんがもっと自分を好きになる本』に
加筆、訂正を加えた新装版です。

まえがき

『いいお母さん』じゃなくて『幸せなお母さん』になろう！

Be a "Happy Mom", not a "Good Mom"!

●●

　子どもが生まれる前、もしも自分が親になったら「子どもにこんなふうにしてあげたい」「こんなふうに子どもを愛してあげるいいお母さんになりたいな」と思ったことがあるんじゃないでしょうか。

　もちろん、私もいいお母さんになろうとがんばってみたり、本もずいぶん読みました！　そして、全部挫折しました。

　まず子どもが生まれて、母乳育児の本を読んで張りきって、すぐにしんどくなりました。私の場合は母乳がなかなか出ませんでした。なのに3時間おきにおっぱいをあげなきゃいけない、子どもはちっとも寝ついてくれない。リラックスして赤ちゃんを抱いてる人を見ると、自分が情けなくなりました。子どもをゆったりと受けいれる心の状態になれなかったんです。

　いつもイライラしてて、何にイライラしてるのかわからない。それから、わが子がエネルギッシュで元気のいい男の子だったということもあるんですが、とにかくよく泣く。

　今、冷静に考えればわかるんです。おっぱいが足りなかったから泣いてたんです。ミルクを足せばよかった。でもミルクを

足すと、なんか敗北感にかられたような気持ちになって、「母乳でがんばるんだ」と、出ないおっぱいを一生懸命やろうとした。一生懸命、いいお母さんになろうとしてたんです。

　絵本の読み聞かせの話を聞くと、「よし、この本を読んであげよう」と思う。でも感情を込めてがんばって読んでいても、子どもがちゃんと聞いてくれなかったり、疲れてくると、つい「もう！」とイライラしたりして、なんのために読み聞かせしてたんだかわからない。

　だから絵本を読んであげることも、お菓子をつくってあげるのも、子どもにいっぱい愛情を注いで育ててあげられることがもちろん大事なんですが、そのためにも、まずお母さんである私自身が、ゆったりとした大らかな心になって、ありのままのわが子を受けいれられる状態になりたかった。

　そんなことから、私は、自分の心やからだを癒やし、自己尊重感を高めるためのさまざまなトレーニングをはじめました。そして、少しずつ少しずつ、長い時間をかけて、自分のいいところも「ダメだなあ」と思う部分も受けいれられるようになってきました。

　ありのままの自分を「いいよ。ＯＫだよ」と思えた状態になってはじめて、わが子に「まあ、泣いてたっていいか」と思えるようになりました。

部屋を一生懸命ぴかぴかにしようと思ってがんばってたときには、子どもが牛乳こぼしても、「今掃除したのに！　何やってんの！」と許せませんでした。でも、少々部屋が散らかっていても、「まあいいか。どうせ汚れるんだし」と思えると、心はおだやかでハッピー。子どもにも「そうか、はじめて自分で牛乳飲もうとしたんだねえ」と、プラス面やいいところが見つけられます。

　だから本書のテーマは、

　　「いいお母さんではなく、幸せなお母さんになろう」
　　「お母さん自身が、もっと自分を好きになろう」
　　「私が私であるために」

この３つが基本です。

　いいお母さんからは幸せな子どもは生まれない。幸せなお母さんから、幸せな子どもが生まれる。こういう言葉があります。

　お母さん自身が、自分を好きで、自分をOKと思えて、自分を愛して、自分をほめてあげられる。そんなお母さんを見ている子どもは、きっと幸せになれるんじゃないかなと思っています。

　子どものことも、自分のことも、今あるいいものを喜び認められる。そんな「幸せな親子」であるために、本書の自己尊重トレーニングが、少しでもみなさんのお役に立てれば幸いです。

北村　年子

まえがき……3

Part.1 ママだってほめられたい！
Moms need praise!

- Chapter ❶ 自分にやさしくしてあげよう……8
- Chapter ❷ 自分を許してあげよう……18
- Chapter ❸ こういう自分でありたいな……28

Part.2 子どもといい関係をつくろう
Building good relationships with your children

- Chapter ❹ 子どものいいとこ探し……36
- Chapter ❺ 子どもが教えてくれること……44
- Chapter ❻ 子どもの気持ちによりそう……52
- Chapter ❼ わたしの権利・子どもの権利……70

Part.3 家族や友だちといい関係をつくる
Building good relationships with your family and friends

- Chapter ❽ 自己主張トレーニング……82
- Chapter ❾ 助けあえる仲間をつくろう……96

Part.4 私が私であるために
Being myself

- Chapter ❿ これからのライフプラン……106
- Chapter ⓫ ありのままの自分を生きる……114

あとがき……120

Part.1
ママだってほめられたい！

Moms need praise!

Part.1 Moms need praise!
自分にやさしくしてあげよう

Chapter ❶
自分をありのままに
受けいれる第一歩。
「自分のいいとこ探し」
をしてみよう

●お母さんのいいとこ探し

　幼い子のいるお母さんのためのワークショップで「自分をほめましょう」というと、こんな声が返ってくることがあります。

　「自分をほめるなんて、とてもできません。ほめるどころか、毎日イライラしては、ついカッとなって、子どもを叩いてしまう。私はサイテーの母親です。ときどきこんな自分がイヤで、もう死んだほうがいいとさえ思ってしまうんです」

「私は子どもを産んでから自己評価が下がった気がします。昔はもう少し自分に自信があったはずなのに、なんでだろう?」

そうですね。何がどう違っちゃったんでしょう。

「考えてみると、子どもを産む前、会社で働いていたころは、仕事もそれなりに評価されてたし、自由に使えるお金も時間もあった。自分でいうのもヘンだけど、結構モテたし、夫とも社内恋愛でした。でも今は毎日、髪ふり乱して、子どものウンコや食べこぼしを片づけながら、いうこと聞かない子をどなりつけては鬼のような顔で怒ってる。とても自分をほめられたもんじゃありません」

子育て中のお母さんは、自尊感情(自己尊重感)が、とても弱まりがち。自尊感情とは「自分は価値ある存在だ」「自分はかけがえのない大切ないのちだ」と思える気持ちです。そしてそんなありのままの自分を愛しく思えること、「自分を好き」と肯定できることです。

子どもを産んで育てていくなかで、「私ってすごいね、えらいね」って、自尊感情がもっともっと高まっていいはずなのに、それが逆にどんどん下がっていく。「私なんか価値がない」「自分のことが嫌になる」「子どもにやさしくしてあげられない」、そんなふうに自分を責めて、否定してしまいます。

Part.1　Moms need praise!

どうしてなんでしょう。

　じつは私もそうでした。生まれた子どもは愛しいし、とってもかわいい。だけど、「母親」になってから、自分がどんどん好きでなくなっていく私がいました。赤ん坊のころは夜泣きが激しく、昼も夜もからだから離せない。歩けるようになると、ところかまわず動きまわる、目を離すとどこに飛んでいくかわからない。街に出ても、電車で、スーパーで、レストランで、病院で、周囲を気にして、身も心もどんどん小さくちぢんでいくようでした。

　「なぜ泣かせてるの？」「母親のくせに」「おとなしくさせろよ」「ちゃんとしつけてるの？」「母親なんだから、なんとかしなさいよ」

　そんな視線に責められます。

　でも本当は、お母さんが悪いのでも、赤ちゃんが悪いのでもありません。たとえば電車のなか、車内迷惑な携帯電話の音は、マナーモードにすれば、一瞬で消すこともできます。でも、赤ちゃんの泣き声は、消すことはできません。生きてるいのちは泣いて当たり前なんです。

　「ああ、元気に泣いてるね」「大丈夫よ、心配しないで」「子育て大変ね、よくがんばってるね」。いのちへの温かいまなざしや、やさしい言葉をかけてあげられる、そんな社会の

意識こそが、子育てには必要なんです。

　同じ「親」でも、それがお父さんなら、社会の目も対応も、違ってきます。熱の出た子をお父さんが病院に連れていけば「まあ、えらいわねえ」。子どものお弁当をつくっても、ミルクをあげていても、「まあ、お父さんが！　すごいわねえ」。これには「どうして私ばっかり！　不公平！」と、私もつれあいとのケンカの種になることがしばしば。

　もっとお母さんたちはほめられていいんです。子どもを抱えて生きている女性たちは、もっと尊重され大切にされて当然なんです。

●いてくれるだけですてきなお母さん！

　人は、この世に生まれて、無条件に自分を愛し受けいれてもらえる存在が必要です。幼いいのちは、自分で生きていけるようになるまで、24時間、愛と保護を必要としています。

　そして今、その小さないのちを大切に守り育てているお母さんにこそ、充分な愛と保護が必要です。

　毎日、生きていくために食事してからだに栄養をとるように、心にも充分な栄養が、プラスのエネルギーが必要です。

　家族にも周囲の人にも、もっと私をほめてほしいって、求めたっていいんです。もしも、夫がほめてくれなくても、親

Part.1 Moms need praise!

や周囲の人がほめてくれなくても、どんなときも、自分で自分をほめてあげましょう。誰がなんといおうと、自分を減点しなくていいんです。

　お母さん自身が、たっぷりと受けいれられ、認められ、愛されていると感じられること。お母さん自身が、自分を肯定して、自分を好きでいられること。それがすごく大事なんです。お母さんが満たされていると、子どもにもやさしくなれます。自分をほめられるようになると、自然にわが子を、周囲を、ほめてあげられるようになるんですね。

　「私が母親なんだからしっかりしなくちゃ」と毎日がんばっているとしたら、もっと自分を許して、ラクにしてあげてください。

　そして、同じ悩みや苦しみを共有できる友だちや仲間を見つけて、お互いを認めあい、うんとほめあいましょう。「よくやってるよね」「大変だよね」って、心の底から共感しあえる仲間がきっといます。それは「甘え」ではありません。生きていくために必要な「心の栄養」なんです。

　誰がなんといおうと、あなたはすてきなお母さんです。あなたが産んだその子にとって、あなた自身が「この世にたったひとつのかけがえのない大切な存在」なんです。あなたがいるということ、今、あなたが母となって、ここに生きて存

在していること。それだけで、あなたはもうすでに、100点満点のお母さんです。

「自己尊重トレーニング」は、そんな自分の価値を認めて、自尊感情を高めていくためのトレーニングです。

次のページから実際に、自分のいいところを見つけて、ほめてみましょう。もしも、なかなか自分をほめられないという人は、「お母さんのいいところ、どこ?」とお子さんに聞いてみてください。私も聞いてみました。

「ぼくの大好きなおにぎりをつくってくれる!」

うんうん。「今日一緒にビデオを見てくれた!」

そんなんでいいの?「今ぼくとこうして一緒にいてくれること」

うう、泣けてくる。「それからね…。ボクを産んでくれたこと!」

ああ、もう、最高のごほうびです。

どうぞ、あなたもお子さんと一緒に、自分のいいところ、すてきなところを見つけながら、子どもとの暮らしのなかで得る喜びや幸せ、あなたのもっている「いいとこ探し」をしてみてください。

Part.1　Moms need praise!

自分のいいところを探してみよう

Step.1 リラクゼーション

腹式呼吸で、まずは心身を落ち着かせ、ゆったりリラックスしましょう。

呼吸法は、体内の浄化とともに、心の安定・調整に役立ちます。イライラするときだけでなく、普段から1日数分間でもこの呼吸法を試してみてください。毎日続けることで、安定した穏やかな心を保つことができるようになるでしょう。

❶ 口から「はー」と大きく息を吐く

ラクな姿勢で座りましょう。まず、肩の力をゆったりと抜いて、手のひらは上に向けて好きなところへおいてください。指先や、全身の力は抜けていますが、背骨はピンとまっすぐ伸ばします（背筋が伸びているほうがたくさんの酸素を体に送れます）。

初めに、おなかの中の空気を口から「はー」と全部吐きます。みぞおちをへこませて全部の息を吐いてしまうつもりで。体にたまっているもやもやした怒りやマイナスのエネルギーをいったん全部吐き出します。

❷ 鼻から息を吸い、おへそのあたりをふくらませる

おへその下あたり（丹田）に意識を向けましょう。2回目以降は口からではなく、鼻から息を吸って鼻から吐きます。余計なことはいっさい考えないで、吸うときには「おなかがふくらんでいる」、吐くときには「おなかがへこんでいる」と、自分の体に起こっている動きだけに集中してください。

❸ マイナスを吐き出し、プラスを吸い込むイメージで

呼吸に慣れてきたら、吐くときは、自分の中のイライラ、クヨクヨ、マイナスのいらないものが「出ていく出ていく」と念じながら吐き出しましょう。吐ききったら、またゆっくり吸いながら、きらきら光輝く肯定的なエネルギー、愛や希望、幸福感など、プラスのものが心身に入ってくるのをイメージしましょう。

Step.2 自分の長所は？

では、実際に自分のいいところ探しをしてみましょう！

① 自分の思う自分のいいところ、長所、好きなところなど、自由に書き出してみましょう。何か特別に優れている、上手にできる、といったことにこだわらず、普段やっていること、当たり前と思っていることを、改めて見直してみましょう。ポイントは、不完全なあるがままの自分を認めること。今ある自分のプラス面をどんどん書き出してみてください。

> 例：人の痛みに共感できる／家族みんなが大好きなカレーをつくってあげられる／動物が好き／自転車に乗れる／階段をのぼれる／悲しいドラマを見て泣ける／笑顔がかわいい／子どもをもっとほめてあげたいと思っている／今ここに生きている！

② 今日1日の自分をふり返って、具体的に自分をほめてみましょう。

> 例：今朝も早起きしてお弁当つくって家族を笑顔で送り出した、えらいね、よくやってるよ！／お友達の悩みを聴いてあげられた。喜んでもらえて嬉しかった、よかったね／子どもが生まれてきてくれたことに「ありがとう」って感謝できた私、すてきだよ／イラついてしまったけど、腹式呼吸して気分を切りかえられた、すばらしい！／今日はどこにも出かけずゴロゴロ寝ていた。おかげで1円も使わず、節約できたし休養もできた。そんな私もいいじゃん！／今日も1日よく働いた、私の体ありがとう、ご苦労さん

Part.1 Moms need praise!

ポジティブノートを つくってみよう
Let's make a Positive Notebook

Column

ワークをやってみていかがでしたか？

自分の思う自分のいいところ、好きなところ、ほめてあげたいところを書き出しながら、うんと自分を過大評価してください。自分をほめるということに、日本人は慣れていないうえに、自分をほめることは、まるで罪悪かのように考える価値観がありますが、自分を卑下したりディスカウントすることは、けっしてプラスを生まないんですね。「謙遜(けんそん)は美徳」という考え方もありますが、へりくだりすぎて自分をおとしめないようにしてください。

よく人から「ステキですね」「あなたキレイね」なんていわれると「とんでもない」と恥ずかしくなって否定しちゃうんですね。でも、そのときに「ありがとう」と笑顔で返せたら、それでいいんじゃないかな。ほめていただいたことは、全部プラスに受けとる。あえてそれを引き下げたり否定した

り、マイナスに変えないということです。うーんと自分にも人にもプラスを増やしてください。自分をたくさんほめてあげると、人にもたくさんほめてあげたくなると思います。

　私も自分でポジティブノートというのをつくっています。1日1コでも自分をほめて、今日1日のよかったことやうれしかったことを書いておくノートです。

　講座ではよくリングノートを使ってもらうんですが、イヤなことは後ろのほうに書いて、「大嫌い、許せない！」と、マイナスを全部書いて吐き出したら、あとはビリビリ破って捨てる。ゴミ箱にポイするんです。そしてためない。

　怒りやイヤだというマイナスの感情をもつことが悪いのではなく、マイナスの感情をためこんで、ゆがんだ形でほかの人に出してしまうことがいけないんです。

　怒りを感じるのは人間として当然ですから、悪感情をためこまないで、うまく処理する仕方を工夫してみてください。

　たとえば、安全な場所で、悲しいことは吐き出してしまう。苦しいことやつらいことは書き出して、あとは捨ててしまう。あるいは誰かに共感をもって聴いてもらったり、受けいれてもらう。そういうことで、自分のマイナスともうまくつきあっていくことができると思います。そして、プラスは書きとめて増やしていく。そんな自分だけの励ましノートをつくってあげてください。

　「全然いいところが出てこないわ」といっていた人が、「今日は出てこなくてもそれを自分で卑屈に思っていない。そんな日もあるわと今は思える。そんな自分をえらいなと思います」、なんていうのを聞くとすごいなって感動しちゃいます。ぜひ、ほめ言葉が出てこない自分も含めて受けいれてあげてくださいね。

Part.1 Moms need praise!

自分を許してあげよう

Chapter ❷

イライラをへらして
自分自身の
一番の味方に
なろう！

●イライラのもとはなに？

　お母さんたちの講座のなかでよく聞く声に、こんな声があります。

「子どもがわがままをいったり、駄々をこねて甘えてくると、最初は受けいれてあげようと思っていても、だんだんイライラしてきて、"もうウルサイっ！"ってささいなことで手を上げてしまう。子どもを大らかに愛してあげられない。こんな私、だめな母親なんです…」

「うちは3歳と1歳の兄妹なんですが、どうしてもつい上の子につらくあたってしまうんです。下の子はまだ手が離せ

ないし、上の子がまとわりついてくると "あっち行ってて" "お兄ちゃんなんだからひとりでできるでしょ！" って冷たくしちゃいます。このままじゃいけない、私の愛情不足でこの子がだめになってしまったらどうしよう…そう思うのに、またやってしまうんです」

　私もつい、子どもに感情的になって叱りすぎてしまったり、どうにも自分を責めてしまうときがあります。でも、こんなときこそ、じつは自分を許してあげることが一番の解決方法なんです。

　私はそんなときには、お風呂のなかで腹式呼吸をしてリラクゼーションしながら、自分への許しの言葉を一生懸命かけてあげたりします。

　「今日はこんなに疲れてたんだもの、仕方ないよ」「あんなに怒っちゃって反省してるんだよね、わかればもういいよ、毎日よくやってるよ」「大変だったね、つらかったんだよね、それをわかってほしかったんだよね」

　自分に対していえないときは、自分の一番の "親友" にいってあげるつもりで、ありとあらゆるなぐさめと励ましの言葉を自分にかけて、うんと自分をヨシヨシしてあげます。ほんとに自分で頭をなでてあげたり、肩を抱いてぽんぽんしてあげたりします。

Part.1 Moms need praise!

　ちょっと笑っちゃいますか？　でもこれ本人は真剣なんです。
　そしておなかで深い呼吸をくり返して、次第に心やからだが落ち着いてきたら、イライラしたり叱りすぎてしまった自分の気持ちをよーく見つめてみます。
　じつは子どもの言動にイライラするのは二次的感情で、その根底には何か別の一次的な要因がひそんでいるものです。
　講座のなかでも、ひとりひとりがいったん自分を責めるのをやめて、ありのままの自分を許すワークをしながら、その自己嫌悪の原因になったイライラや怒りの根っこに隠れていた"本当の自分の感情"を見つめていきます。
　たとえばそれは、夫への不満であったり、子育てをしながら感じる孤独感だったり、仕事や社会に対する焦りの気持ちであったり。それを誰にもいえないまま、あるいは自分自身でも気づいてないまま、心の奥にためこみ、無意識に目の前のわが子にぶつけてしまっていることもあります。
　あるお母さんは、アトピーの子に毎日一生懸命、時間をかけて離乳食をつくっていたのですが、ちっとも食べてくれない子どもにイライラして、ついに「どうして食べてくれないの!?」と手を上げてしまい、そんな自分をひどく責めていました。でもワークのなかで"そのときの本当の自分の気持ち"を見ていくと、「私がこんなにがんばっているのを、どうし

てわかってくれないの!?」という感情が出てきました。さらに、その一次感情には「がんばっている私をわかってほしいよ。認めてほしいよ。つらいよ」という、「夫に対する気持ち」があったことに気づき、それを素直に夫に伝えられたことで、子育てがずっとラクになっていきました。

●まず、自分を許してあげよう

　そんなふうに心の根っこにある、傷ついていた柔らかな自分の一次感情に気づいてあげることで、自分のことをもっと大事にやさしくできるようになります。

　たとえば、甘えてくる子にイラついていたというお母さんは、じつは自分のなかにつらい泣きたい気持ちや「甘えたい」という気持ちがあったこと、それを抑えこんで一生懸命がんばってきたぶん、素直に甘えることを自分にも子どもにも許せなくなっていたんだと、気づくようになりました。

　上の子につらくあたってしまうといっていたお母さんは、子ども時代、自分が親から「お姉ちゃんなんだから自分でできるでしょ！」といつもいわれて、寂しかったこと、その寂しい気持ちを親にいえずにずっと耐えて我慢していたことを、思い出しました。でもだからこそ「上の子にもやさしくしてあげなくちゃ」という思いも人一倍強く、そうできない

Part.1 Moms need praise!

自分をとても責めていたのです。

　人間ですもの、わが子に腹を立てて憎く思ってしまうことだってあります。人間であるかぎり、怒りや悲しみ、怖れや不安、マイナスの感情を完全になくしてしまうことは不可能です。

　感情を受けいれ認めてあげることと、実際の行為を是認することは違います。実際に暴力をふるってしまうのを防ぐためにも、そういう心の状態を、いったんそのまま受けいれ、自分に認めてあげることが大事なんです。

　もしも感情を無理に抑えつければ別のもっとゆがんだ形で出てくるでしょう。感情は、ちゃんと受け止め感じきってあげれば、解き放たれ、溶けていくものなのです。

　自分を責めないで、失敗もすれば欠点もある自分を許し、「大丈夫、やり直せるよ」「きっとできるよ」「よくやってるよ」って、自分を励まし信じてあげましょう。

　あなたが自分を認め、もっと自分を愛してあげられたなら、子どももきっと「生まれてきてよかった」と、自分のいのちを肯定し愛していけるでしょう。

●許しの言葉をかけてあげる

　子育てを通して、腹が立ったり、思わず泣けたり、私た

Chapter ❷ 自分を許してあげよう

ちはさまざまな感情を呼びさまされます。だからこそ子育ては面白い、いろんな自分に気づかされるチャンスでもあります。そんな自分に出会いながら子どもと一緒に育っていきましょう。

　先日、子どもが小学校で熱を出して早退したとき、私は仕事で留守にしていました。担任の先生がウチに電話をかけても留守だったので「きみのお母さんはいつ電話してもいないね」と息子にいったそうです。そんな話を後から息子に聞かされただけで、ズキンと胸が痛みます。「働いてたんだよ、仕方ないだろ〜！」と叫びたい気持ちはあるものの、わが子には罪悪感がつのります。「ごめんね、お母さんいつも肝心なときに、そばにいてあげられなくて」。

　そんなとき、「今いてくれるからいいよ、今が肝心のときだよ」と笑っていってくれる息子に、思わずハラハラ泣けてきました。こんなふうに、わが子に受けいれてもらったり、許してもらったりしながら、私もなんとか母親をやっています。

　いつも誰かが許しの言葉を自分にかけてくれるわけではありませんが、誰が責めても、自分だけは自分を責めない。

　どんなときも、自分が一番の理解者になって、自分に許しの言葉をかけてあげましょう。

Part.1　Moms need praise!

自分を許し肯定する
セルフ・アファーメーションをつくろう

自分の過ちや失敗にとらわれ、自分を責めていると、ますます自尊感情が下がり、否定的な自己イメージをつくります。そんなときは、いったん自分を許し、自分を肯定する言葉（セルフ・アファーメーション）をかけながら、自分を励ましてあげましょう。アファーメーションは、わかりやすく簡潔な言葉で、「私は」という主語を使って、現在形で言い切るのがポイントです。あるがままの自分を受け入れ、自分の中にあるプラス面を意識化し強化することで、より肯定的な自己イメージとプラスの現実がもたらされます。

Step.1　自分を許す言葉

自分の欠点や失敗に対して、まずはもう気づいて反省している自分を認め、それ以上責めることなく、許しの言葉を自分にかけてあげましょう。おなかでゆっくり呼吸しながら、くり返し、許しの言葉を唱えてみましょう。心の中でも声に出しても結構です。

例　私は、自分のおかした過ちをすべて許します／私は、自分の失敗に気づいている、それでもう大丈夫／私は、自分が不完全であることを受け入れます／私は、ありのままの自分を認めます

Step.2 自分を肯定する言葉

ありのままの自分を許し認めたら、さらに腹式呼吸をしながら、自分を肯定し励ます言葉を、自分に宣言するように唱えてみましょう。こうありたいと望んでいることを言葉にし、肯定的な表現にして断言します。何度でも自分に言い聞かせながら、実際にそうなっている自分をイメージしましょう。

例
> 私は、安らかで落ちついています／私は、今このままの私で大丈夫／私は、誰がなんといおうと自分の力を信じます／私は、自分のことを自分で決定しコントロールできます／私は、誰からも自由です／私は、パワフルで行動的です／私は、平和で幸せです／私は、積極的に自分を表現します／私は、人の失敗や過ちも許せます／私は、愛と光でみたされています

自分を責めていじめるより、自分を許し、理解し、励ましてあげるほうが、それだけ立ち直りも早く、プラスの方向に前進することができます。自分にやさしくしてあげられたほうが、自分を否定しているよりも元気になれて、きっと子どもにもやさしくしてあげられるでしょう。

Part.1 Moms need praise!

自分のための
時間をもってもいい！
Enjoy your own time !

Column

よく、「子どもを産んでから、人に子どもを預けたことがない」というお母さんがいらっしゃいます。それはとっても大変なことだと思います。

でも、1週間に1度か2度、お休みの日、たった2時間だけでも、人に子どもを預けて子どもと離れる時間、家事も何もしなくていい、自分が楽しむため、自分のことを考えるためだけの時間をとってもいいんじゃないかと思うんです。

保育つきの2時間の母親講座などで、実際に計算してみましょうというんですが、24時間が7日間、1週間は168時間あるわけです。そのうちの2時間は、168分の2です。168時間の2時間だけ、子どもと離れるということを、申し訳なく思わずに、自分に許してあげてもいいんじゃないか。2時間ぐらい、自分のためだけに使ってもいいんじゃないかなと、私は思います。保育に預けた子どもに対しても「ごめんなさい

ね」ではなくて、「ありがとうね」という思いで戻っていければいいと思います。

　子どもを人に預けたとき、たぶん、子どもはぐずったり泣いたりするかもしれません。お母さんの判断はさまざまですから、絶対こうでなきゃいけないということは、何ひとつありません。どうしても離れられなければ、もちろん一緒にいてあげたいと思う気持ちも自然ですし、子どもの状態の見極めというのも必要です。

　でも、だんだんとほかの人やお友だちから「遊ぼう」といわれることで、お母さん以外に自分を受けいれてくれる人がいるということを、子どもは体験していくことができます。さんざん泣いて、感情を吐き出して、ちょっと落ち着いて、おもちゃが気になりだすとか、少しずつほかの人にも慣れていくとか、子どもには子どものプロセスがあるんです。

　子どもが泣くと「迷惑をかけてしまうから」と心配するお母さんも多いのですが、迷惑どころか子ども好きの保育者さんたちは「子どもが泣くのは当たり前」「泣いてる子もまたかわいいのよ〜」と、大らかに受けとめてくださいます。

　それに、多少の迷惑をかけあい、助けあうことを体験しながら育っていくこともまた必要です。

　だからうんと泣かせてください。泣いて、駄々をこねるのも、みんな成長のプロセスです。そして、何もかもが自分の思いどおりになるわけではないということを知ったり、1回離れたお母さんが、どんなにいい顔で戻ってきて自分を抱きしめてくれるか、そういう体験もまた成長の糧になります。

　どうか子どもの力と子どもを預かってくれる人を信じてください。自分以外の他者に、子どもをゆだねるということも、お母さん自身の大事な体験なんですね。

Part.1 Moms need praise!

こういう自分でありたいな

Chapter ❸

どんな"私"でいたいか
"ありたい自分"について
イメージしてみよう

●もっとステキな私になる！

　子育て中は、毎日の生活が子ども中心になって、自分のことはつい後まわしにしがちです。でも、少しでも時間をとって「自分のいいところを見てほめる」という練習をくり返しつづけていると、自分のなかに本来もっている、潜在的な力や愛や知恵が引き出され、宝石がきらきら光り輝くように、ますます表面化されてきます。

　反対に自分を責めたりけなしたりしていると、せっかくの宝石も黒いもやにおおわれて曇ってしまいます。

そこで今度は、どんな自分でありたいか、「こういう私になりたい」と願う自分の理想像を、実際に思い描いてみましょう。やってしまったマイナスにとらわれているより、気持ちを切りかえて、目標をもってプラスの自分をイメージします。そうすることで、自分の希望や目標がきちんと意識化され、自分のプラス面がより発揮されやすくなります。

　次ページを参考に、まず、こうありたいと願う自分の姿を具体的に書き出してみましょう。ただしそこで気をつけてほしいのは「○○さんのようになりたい」「あの人みたいだったらいいのになあ」と、ほかの人と自分を比べないこと。

　誰かのようにすばらしくなるのではなく、あなた自身の固有のすばらしさ、自分らしいプラス面を、さらに引き出し、強化していくのです。「自分のなかでこういう私が一番好き」と思う、最高の自分の姿をイメージしながら「きっとそうなる」「私はもうすでにそうなっている」と自分にいいきかせます。意識は必ず、向けたほうに強化されるものです。自分とかけ離れた理想像を思い描いて「まったく別の人」になろうとするのではなく、ほかの誰でもない、この世にたったひとりの自分のよさを信じて、もっともっと「本来のすばらしい私になっていく」のを楽しんでくださいね。

Part.1　Moms need praise!

こうありたい自分をイメージする

Step.1 目標の設定

どういう「私」でありたいか、自分の希望像をまずは具体的に書き出してみましょう。そして、呼吸法とイメージ・トレーニングを実践しながら、自分が一番好きな「最高の自分」になっていきましょう。

例　こうありたいと思う自分の姿や行動を、具体的に書き出してみましょう。「空を飛びたい」「世界一お金持ちになりたい」など、突拍子もないことや非現実的なものではなく、現実的な身近なところからはじめ、自分を向上させる肯定的な目標を設定するようにしましょう。

WORK

Step.2 イメージ・トレーニング

① 集中できるように、できるだけ静かな場所を選び、楽な姿勢で座るか横になります。力を抜いて、全身をゆったりとリラックスしましょう。

② 目を閉じて、呼吸（鼻の呼吸・腹式呼吸）に意識を向けて集中します。深く、ゆっくりと息を吸い込み、お腹をへこませて完全に吐き出します。吸うときは、息と一緒に、きれいな、すきとおった空気や、光や、プラスのエネルギーが、身体のなかに入ってくるのをイメージします。吐くときは、疲れや、雑念や、緊張、イライラなど、いらないものが、息と一緒にみんな出ていくのをイメージしましょう。

③ ステップ1で書き出し、目標設定した自分の姿・行動をイメージします。目を閉じて、その映像をすでに実現しているものとして具体的にありありと思い浮かべましょう。そのときの自分の心や身体の感覚も、実際に体験しているようにイメージしてみましょう。

④ 細部までイメージしながら、自分への肯定的な言葉（セルフ・アファーメーション）を唱え、自分が今そうなっていることを、くり返し言い聞かせます。

一回だけでなく、毎日何度でも、くり返し実践してみましょう。次第に、肯定的な自己イメージが現実のものとなり、目標の実現に近づいていくでしょう。

Part.1 Moms need praise!

自分のからだと心を感じてみる
Feel your own body and soul

Column

　お母さんにとって、リラックスするってとっても大事です。毎日、子どもを追いかけたり抱っこしたりで、腰も痛むし、首や肩もこってたり。忙しくて、からだが休むひまなんてない！　ほとんどのお母さんが日々、そんな感じだと思います。でも、ときには自分のからだが今何をいいたがってるかなあって、ゆっくり感じる時間を自分にあげてみてほしいんです。こういう時間をとった後で自分のいいところを探してみると、つぎつぎと自然によいイメージが出てきたりします。

　私たちの脳には、直感的・創造的なはたらきをする右脳と、合理的・論理的なはたらきをする左脳がありますが、リラクゼーションは、その両方をともに活性化させる効果があります。

　とくに現代人は、理屈や合理性を偏重する「左脳的」な社会のストレスのなかで、直感的なひらめきや感

性をつかさどる「右脳的」な力が押しこめられがちです。

　だからこそ、あれこれ考えて悩んでしまうようなときは、いったん頭を休めて、深い呼吸をしながら感覚的な心地よさに身をゆだね、本来もっている自分の直感力や創造力を呼びさましてあげましょう。

　静かな時間のなかでゆったり自分のからだや心を感じてみるリラクゼーションは、自分の「無意識」の部分とふれあう時間でもあります。じつは私たちの行動の約90％は、この潜在的な無意識の領域で決められているといわれます。

　自分でわかっている自分、つまり顕在化している力や意識の部分はほんの10％ぐらいで、残りの約90％は、自分でも知らない才能や知恵、あるいは愛や思いやりなどのすばらしい力が、たくさん眠っているわけです。

　その一番奥の本当の自己、リアルセルフといわれている部分。ここはものすごく静かな、海の底のイメージです。海の表面は、風が吹けば波が立つし、嵐になればザブーンと揺れるけど、深海の底というのはシーンと静かでおだやかで非常に落ち着いた状態。この部分がどんな人にでもあります。お釈迦様はそれを仏性と呼び、ユングは自己といったりしました。

　古今東西の哲学者や心理学者が、共通のことをいっています。誰もが自分のなかの深い深いところに、すばらしい宝の宝庫、本当の力が眠っている場所をもっているんだと。

　よく「潜在意識を開発しよう」といわれますけど、リラクゼーションはここに近づき潜在的な力を引き出すためのトレーニングなんです。1日3分でも5分でも、心の波をしずめて、自分の内側の声に耳を傾けていると、深い「本当の自己」と出会えるようになっていきますよ。

Part.2
子どもといい関係をつくろう

Building good relationships
with your children

Part.2 Building good relationships with your children

子どものいいとこ探し

Chapter ❹

大好きな子どもたちに
あなたが大事だよって
伝えてみよう

●子どもはほめてもらいたい

　子どもは、自分を認めてほしい、ほめてもらいたいと、すごく求めています。

　東京都内のある中学校で「あなたは自分が好きですか？」とアンケート調査をしたところ、なんと約7割の子どもたちが「自分を嫌い」と答えています。生まれてまだ十数年しかたっていない子どもたちが、自分のいいところがわからず自分を嫌っている、というのは、とても悲しいことだと思います。

　さらに思春期以降、「自分探し」の時期には、ますます子どもたちは「自分を認めてくれる存在」を必要とし、渇望するようになります。

　そんなとき「こんないいところあるじゃない」「あなたが気づかなくても私は知っているよ、こんなにすばらしいところがあるよ」と、誰かがちょっと助けてあげられたら、子ども

たちは、水を得た魚のように、「そうか、自分にはこんなよさがあるんだ」と自信を取り戻し、どんどん本来のすてきな自分に気づいていけると思います。

●子どもの「いいとこ探し」をしてみよう

すべての性質は「両面鏡」（プラスとマイナスの裏表）になっています。

たとえば「がんこ」というのは、見方を変えれば「意志が固い」「自己主張できる」というプラス面でもあります。「落ち着きがない」のは、「好奇心旺盛」で「元気がいい」という子かもしれません。また「神経質」なのは、「感受性の鋭さ、豊かさ」かもしれません。

マイナス面が一方でどんなプラス面につながっているんだろうと見ていけば、必ずその子ひとりひとりの「個性」がもつすばらしさが見つかるはずです。

そのよさをほめて伸ばしてあげることで、ますますその子のプラス面が発揮されることになるでしょう。

親はつい、80点をとってきた子に「どうしてあと20点とれなかったの？」と、マイナス探しをしてしまうんですが、足りないとこよりも今あるいいところを一緒に喜びあい認めていけたらいいですね。

Part.2 Building good relationships with your children

●個性を認めるほめ方

　ひとくちに「ほめる」といっても、子どものどんなところを、どのような観点からほめればいいのか、悩んでしまうこともあるかもしれません。

　「上手ね」という安易なほめ言葉ではなく、その子ならではの「よさ」や「自分らしさ」をよく見て感じて味わい、そのすばらしさをほめてあげられるといいですね。

　たとえば「絵が上手ねー」とほめていると、子どもは「うまい、へた」という評価にとらわれて、「上手にできないとダメ」と気にする子もいるでしょう。たとえ上手でなくても「この色のここがきれいで、私、好きだな～」「その感性がすてきだね」とか、その子の「個性」を認めてあげるほめ方にしてあげてほしいと思います。

　人との比較や優劣からの判断ではなく、「NO. 1（ナンバーワン）より、Only 1（オンリーワン）」。あなたは、この世にたったひとつの個性でかけがえのない存在なんだ、と伝えてあげることです。

　また「できる・できない」にとらわれず、「失敗しても、不完全でもかまわない」と思えること、まずは「やってみよう！」と自分からやりたい気持ちがワクワク起こってくるように、その子のペースや意欲を尊重しながら、成長のプロセスを見守り励ましてあげてください。

●生まれてきてくれてありがとう

　私は、究極のほめ言葉とは、その子の存在の「無条件の価値」を認め、讃えてあげられることだと思っています。今、ここに生きていること、存在していること、今そのままのあなたで、すでに価値あるすばらしい存在だよ、というメッセージです。

　「生まれてきてくれてありがとう」「あなたがいてくれてうれしいよ」そんな、無条件の愛や感謝の言葉を、子どもたちは求めています。

　子どもが生まれたことで得た喜びや楽しみ、プラスの体験を"あなたが私にそれを与えてくれたんだよ"と伝えてあげられたら、それだけでも「生まれてきてよかった」という思いを子どもはもつでしょう。

　「あなたがいてくれて、お母さんはこんなことに気づけた」「あなたの存在を通して、こんな体験ができた」とか。「これまでいつも仕事に追われていたけど、あなたが生まれて、はじめて家族でキャンプに行ったり、沖縄に旅行できた」「子育ての仲間もできて、新しい世界がひろがったよ」と、子どもの存在に感謝できたら、どんなにすばらしいことでしょう。

　それをきちんと言葉にしてあげてほしいと思います。

　「私にこれを教えてくれて、気づかせてくれてありがとう。あなたが生まれてきてくれてよかった。お母さんは幸せだよ」と。

Part.2 Building good relationships with your children

子どものいいところを探してみよう！

Step.1 子どもの長所は？

子どものどんなところをほめてあげたいですか。子どものいいところや、長所、プラス面などを書き出してみましょう。特別なことでなく、生まれてから今日まで成長したところやできるようになったことなど、当たり前と思えることをきちんと認めてあげることが大切です。また「できること」だけでなく、何かを「好き」、何かに「興味をもっている」、何かを「楽しめる」といったことも、すばらしい長所です。そして、大人にとって都合のよい面だけを肯定するのではなく、その子のもっている気質や個性ならではの、その子らしいよさを見つけてあげてください。

例：ごはんを食べられる／返事ができる／三輪車に乗れる／歌うのが好き／かけっこが好き／電車に興味がある／動物をかわいがる／元気がいい／気持ちがやさしい／お友だちと遊ぶのが好き／ひとりで遊ぶのが好き／素直に泣ける／飛び跳ねて喜べる／イヤなものをイヤといえる／笑顔がかわいい／お母さんが大好き！

Step・2 子どもから得るもの

子どもがもたらしてくれた喜びや幸せ、発見や気づきなど、子どもの存在を通してあなたが得たプラスのものを、書き出してみましょう。

例：未熟児で生まれたわが子の生きる力や、その後の成長に励まされたり感動したり、いのちのすばらしさとありがたさを心から実感することができた／母の日にカーネーションとおぼえたての文字で「せかいいちすきなおかあさんへ　ありがとう」と書いたカードをもらい、うれしくて泣けたこと／子どもがアトピーだったことで食生活や環境問題を見直すようになり、今まで無関心だったエコロジー問題にも取り組むようになった

Step・3 子どもをほめる

さあ、それではStep・1、2に書いたことや、さらに思いついた子どものいいところを、実際に言葉にして伝えてあげましょう。うんとほめてあげられたら、今度は「○○ちゃんのいいところたくさんあるね、どんなところかな?」と、子ども自身に聞いてみたり、一緒に探してあげましょう。

　できれば毎日、子どものいいところをどんどんほめてあげてください。「今日はいっぱい遊べて楽しかったね」「お手伝いしてくれてありがとう」など、今日1日のうれしかったことやお母さんのプラスの気持ちを言葉にして伝えてあげましょう。そしてさらに、お母さん・お父さん、家族やお友だち、まわりの人の「いいとこ探し」もしてみましょう。親も子も、自分のいいとこをちゃんと見られるようになり、ほかの人のプラス面を見ることも自然に身についていきます。

Part.2 Building good relationships with your children

失敗したら
あやまろう
Apologizing your children

Column

　子どもは親やまわりの人の言動から、「自分はこういう人間なのだ」という自己イメージをつくっていきます。たとえば「あなたはがんこで融通のきかない子ね」と否定的にいわれるかわりに、「粘り強くて意志が固いのね」と肯定的に表現されると、子どもは肯定的な自己イメージをもちやすくなります。

　みなさんとトレーニングのなかで「自分のいいところを見よう」とくり返しやっているのは、この自己イメージをプラスのものにしていく作業です。

　子どもはまさに今、自己イメージをつくっている最中ですから、その子が「自分を好き」と思えるか、「自分はすばらしい。価値がある」と思えるか。これは自分に与えられる評価やメッセージが、肯定的であるか否定的であるかによって、大きく影響してきます。

　でも、こういう話を聞くと、自分

は子どもを傷つけてトラウマをつくったんじゃないかとか、子どもを否定して一生を台なしにしちゃったんじゃないかと、心配されるかもしれませんが、お母さん自身がそこでまた自分を否定しないこと。これが一番大事なことです。

　カッとなってつい「ああ、ひどいことをいっちゃった」というときもあるでしょう。でも、そういう自分も認めて、「人間だもの、過ちをおかすことだってあるよ。でも気づいているし、悪かったって思ってるんだよね」と、１回自分を許して認めてあげる。反省はしても「けっして自分を責めない」ということがポイントです。

　そしてできることを考えるんです。悪かったと気づいたら、あとはあやまることです。「子どもにあやまるなんてとんでもない」という親や教師もいるようですが、たとえ相手が幼い子どもであろうと、自分の過ちは過ちとして認め、心をこめてあやまることは人間関係の基本だと思います。そんな大人の姿勢から、子どももまた、自分はちゃんと対等な人間として大事に扱われている、と思うことができるでしょう。

　そうして人間関係は、何度でも修復できる可能性があるんだと信じてください。子どもの一生に影響を及ぼすようなことというのは、同じことをやりつづけたら起こるかもしれません。一貫して否定しつづけるとか、非難しつづけるとか。でもそのつど、間違いは消しゴムで消して修正する。「さっきはひどいことをいっちゃったけど、あれは真実じゃないよ。ごめんね」とあやまっては抱きしめ、「あなたのことが大好きだよ」「こんなにいいところがあるよ」と、ポジティブメッセージを送り、自己イメージをそのつど塗り変えていく。それをどうかめげずに、お子さんにも自分自身にもくり返していただけたらと思います。

Part.2 Building good relationships with your children

子どもが教えてくれること

Chapter ❺

子どもが教えてくれる
大事なこと
すてきな愛の贈り物を
受けとろう！

●子どもを通して「自分」に出会う

　子どもが生まれて、子どもと一緒に遊んでいると、仕事や家事に追われて私のなかの「内なる大人」に押さえつけられていた「内なる子ども」がイキイキとよみがえってきます。夢中になって遊ぶこと、わくわくすること、面白がること、人生を楽しむことのすばらしさを、子どもが教えてくれるのです。

　私は息子が生まれて10歳になって、はじめて一緒にダイビングを体験しました。海のなかの美しさに、こんな世界があったのか！　とびっくりしました。子どもがいなかったら、まず体験しようとも思わなかったでしょう。子どもの夏休みにあわせて自分にも夏休みをあげるようになりました。

　子どもにはいろんな体験をさせてあげたいと思いますが、

同時に、子どもがいてくれることで体験できる面白いことを私もたくさん味わいたいと思っています。

お母さんも、子どもと一緒に童心に返って、のびのび自由にクレヨンで絵を描いてみたり、海や川でびしょぬれになって水遊びをしてみたり、親子で「子どもの時間」を取り戻しましょう。

●子どもが生まれたことで、味わうさまざまな感情

子どもと生活していると、気づいていなかった「過去の自分」にも出会うことがあります。私自身、子育てを通して、小さいころの自分を思い出し、自分の知らなかった自分に気づかされるようになりました。

そして、自分の育ちをふりかえり、ひとつひとつ自分の心の傷を癒していくようになりました。あのとき、本当はお母さんに甘えたかったね、泣きたかったね、でもよくがんばったね、えらかったね、そうやって、ありのままの自分を、いっぺんぜんぶ認めて受け止めてあげること。そして、絶対に自分だけは自分を否定しないこと。

そうした心の傷に気づいたのも、自分を癒そうと向かいあえたのも、子どもに出会えたおかげかもしれません。

Part.2 Building good relationships with your children

●愛してくれる人がいたから、生きている

　最初の章で紹介しているリラクゼーションは、自分の潜在意識にふれあうひとつの方法ですが、これをやっていると、古い過去の記憶が出てくるときがあります。私も十数年やってますが、いまだにいろんな記憶がフッとよく出てきます。

　私は12歳のときに父を亡くしていますが、父に愛されてなかったんじゃないかと、けっこう長い間思っていたんです。でも、ある日リラクゼーションしながら、父にお風呂に入れてもらっている記憶を思い出しました。たぶん新生児のころのことです。あったかいお湯がじわっと耳のなかに入ってくる感触まで思い出しました。父の太い手が、しっかり私を支えてくれているんですね。それを新生児の私は、はっきりと「お父さんの腕だ」とわかっていました。お父さんが慎重に気をつけている、怖さや緊張も伝わってくるんです。そんなお父さんの腕のなかで、しっかりと支えられてお風呂にいれてもらっている自分を思い出して、涙がポロポロあふれました。

　「自分は誰にも愛されてこなかった」と思っている人もいらっしゃるかもしれません。でも、生まれたばかりの赤ん坊のときには、必ず誰かが自分を守り、育ててくれたはずですし、いのちはけっしてひとりでは生きていけません。その見え

なかった愛や力の存在に気づければ、自分のいのちにも本当に感謝できるんじゃないかなあと思っています。

●小さい私の「自尊感情」を育ててくれたのは?

　でも、私の自尊感情を育ててくれたのは、親だけではない、たくさんの人のかかわりだったと思います。

　幼いころ、親がわりになって育ててくれた叔父や伯母、おばあちゃん。近所の小さい子の面倒を見ると、「うちの子と遊んでくれてありがとう」「年ちゃんがいてくれてよかった」といってくれた近所の人たち。「いつもお使いえらいね」とおまけをくれた八百屋のおじさん。小学3～4年生のとき、毎日書いて提出していた絵日記に、いつも赤ペンで大きな花マルと"100%肯定のほめ言葉"を書いて返してくれた担任の鶴田先生。そんな多くの愛情に育てられてきたことを、私は親になって改めて気づくようになりました。

　子ども時代、思春期、社会人になって、そして子どもを産んでから。人それぞれ、今日まで生きてきた歴史のなかには、いろんな人の愛やかかわりがあったと思います。そうしたさまざまなかかわりや愛のなかで生きてきたことを思い出し、改めて過去の自分をほめてあげるワークを、ぜひやってみてください。

Part.2 Building good relationships with your children

子どものころの自分をほめる

Step.1 過去の自分をほめる

子どものころを思い出しながら、過去の自分をほめてあげましょう。4、5歳の記憶から、小学生、中学生時代と順を追って、そのころの自分を今の自分が改めて認め、いつくしんであげるように、ほめ言葉をかけましょう。

例　スプーンからお箸が使えるようになったね、すごいね／運動会のリレーで、ころんでも最後まで一生懸命走った、がんばったね／母の日にカーネーションを買うためにお小遣いをためてた、やさしい子だね／合唱クラブで毎日練習して、好きな歌に夢中になって打ち込んでた、すてきだよ

Step·2 愛と感謝を思い出す

自分が誰かにしてあげたこと、誰かにしてもらったことなど、今日までの「愛と感謝」の体験を思い出してみましょう。自分にも周りにも「ありがとう」を感じるたびに、愛が広がります。マイナスに思える出来事の中にも、別の角度から見れば、プラスの気づきや学び、自分の成長につながるいい面がきっと隠れています。気づいていなかった過去のいいところ探しをしてみましょう。

例
家族、親戚、近所の人たち、先生、友達、職場の人、励ましてくれた人、ほめてくれた人、親切にしてくれた人、一期一会で出会った人、見えないところで自分の衣食住に関わっている人、自分の命につながっているすべての命・自然・生きとし生けるもの。自分が与えたもの・与えられたもの、感謝したこと・感謝されたこと、今の自分を生かしているすべての出来事や体験など。

自分のなかの
子どもを癒す
Healing your inner-child

Column

子ども時代の自分を思い出すワークのなかで、私は子どものころ、とても「いい子」だったんだなあと気づきました。

私は母子家庭だったんですが、働く母を見ながらいつも「私もがんばらなくちゃ」「お母さんを助けなきゃ」と、一生懸命がんばっている自分がいました。

3歳のとき、家庭の事情で、母と離ればなれになることがあったんですが、そのときも、私がここで泣いちゃいけない、追いかけちゃいけない、と泣きたい気持ちをこらえていた自分を思い出しました。

母とのその別れは、じつは1日や2日ではなく、そのまま3年も離れることになったんですが、その間、私はおばあちゃんや伯母ちゃんに育ててもらいました。でも、その別れの場面を思い出したとき、3歳の私はなぜか、そのときの母のつらい気持ちが全部わかったんですね。だから、

お母さんを困らせちゃいけない、悲しませちゃいけないと思って、一生懸命笑って「ママ、バイバ〜イ」と手を振って、涙をこらえていました。

　そんな3歳の自分を思い出したとき、私はもう30歳を過ぎてましたが、はじめて声をあげてワンワン泣きました。「よくがんばったね、えらかったね。まだこんなに小さな子どもだったのにね。泣きたかったんだよね。もうがまんしなくていいよ。うんと泣いていいよ」と、今の自分が「子どもの私」をよしよしして、うんとほめて抱きしめてあげました。

　そうしてはじめて気づいたんです。私は、物心ついたときからずっと「大声で泣く」ということを自分に許していなかったことに。

　どうして私はわが子が大声で泣き出すたびに、無性にイライラして、腹が立ってきて、泣き叫ぶ子どもを受けいれることができなかったのか。それは私のなかの深いところで「私は泣かなかったぞ。がまんしたぞ。あんたみたいにこんなにお母さんを困らせなかったぞ！」と、私のなかの泣けなかった子どもが怒っていたんですね。

　人は自分に許せないものを、他者に許すことができません。私自身が、自分のなかの「泣きたかった子どもの私」に気づいて、素直に認めて、泣かせてあげられるようになったことで、それから次第に、わが子が泣いても「ああ、そうか、きみは今全身で私を求めてるんだね」「すごいね、きみは自分の感情をこんなに素直に表現できるんだ」と、受けいれる余裕が少しずつ出てきました。

　そして、小さいころの自分を癒すことで、母を思って泣くのをがまんしていた私も、今ありのままの感情を素直に表せるわが子も、どちらもそれぞれの長所をもったすばらしい個性だと認められるようになっていきました。

Part.2 Building good relationships with your children

子どもの気持ちによりそう

Chapter ❻

子どもの声に耳を傾け
気持ちをそのまま
受け入れてみよう

●子どもの感情によりそう

　子育てで、自己尊重の気持ちを育てるためには、受容と共感が大事です。受容というのは、あるがままの存在を受けいれるということ。そして共感というのは、相手の気持ちを理解し共に感じるということ。これはカウンセリング・マインドの基本ともいわれ、充分に受容され共感された子は、自分を大切だと思え、自分を信頼できる自己信頼感を育てていくことができます。

　ある日、公園で小さな男の子が一生懸命走っていて転んでしまいました。ワッと泣き出したその子にお母さんは「男の

子でしょっ。泣いちゃダメ！　痛くない！」といいます。

　男の子だって痛いものは痛い。でも「痛くないでしょっ」といわれたら、そこで分裂し葛藤するわけです。自分のからだは痛いと感じているのに、お母さんは痛くないという。すると、「僕の感覚は間違ってるんだ」ということがインプットされ、自分の感覚や感情に、自己信頼感がもてなくなっていきます。

　男の子だから痛くないとか、怖くないとか、女の子は怒っちゃいけないとか、お愛想笑いをしなさいとか、そういうなかで子どもたちは、知らず知らずのうちに、ありのままの自分の感覚や感情に自信を失っていきます。

　子どもの自尊感情を育てるために、「あなたの感情はけっして間違っていない。痛いのも悲しいのも事実だね」といったん受けいれてあげる。そして、「そう、痛いんだね」と共感してあげる。いったん受けいれてもらうことで癒され、そのまんまの自分を認められ、共に感じてもらうことで、次の元気がわいてくる。つまりエンパワメントされるわけです。

　たとえば転んで痛くて泣きたいのに、「痛くない、立ちなさい！」といわれると、「痛いけど、がんばんなきゃ。でもいやだなあ」という気持ちを引きずることが多いと思いますが、いったん「そう、転んじゃって、そこが痛いんだねえ」と

Part.2 Building good relationships with your children

　よりそって聴いてもらえると、そのうち子どものほうから「もう大丈夫、へっちゃらだよ」なんていってきます。受容されることで、プラスのエネルギーがその子自身から出てくるわけです。

　今のいい子たちがキレるという状態は、長い間受容されなかった感情が、ずっと抑圧され、言葉にできないつらさとなって、十数年積み重なって爆発している結果ではないかと私は感じています。

●子どもの感情を受け止めるために

　子どもの感情によりそうには、まず親自身が自分のありのままの感情を受けいれられるようになることが大切です。たとえば、「泣く」「怒る」「甘えたい」「受けいれてもらいたい」などの感情です。

　子どもはお母さんが大好きだからこそ感情をぶつけます。一番わかってほしい人だからこそぶつけてくるのです。

　でもお母さんだって人間です。受容できないときだってあります。受けいれられなかったら、それを素直に認めましょう。

　お母さんが誰かに受け止めてもらって、子どもを受け止める余裕をつくれることが大事です。怒りや涙は安心できる場所でこそ出せるもの。泣いてもいいんだよ。怒ってもいい。

自分の感情を素直に出していいよと、子どもにそういえるためにも、まずお母さん自身が自分の気持ちを受け止めてもらえる場をつくりましょう。

●受容することと甘やかしの違い

よく講演会場などで、「でも肯定したり、受容ばかりするのは単なる甘やかしで、子どもはわがままになりませんか？」という質問を受けます。

でも自分の存在や感情が受けいれられることと、自分の行為をなんでも容赦されるということは明らかに違います。たとえばこんな例があります。

ある中学校の先生は、暴力をふるった子にこれまではいつも「暴力はいかん！」と怒鳴っていたそうです。でも、自分もいったんその子の気持ちを受容してみようと思って、ある日、クラスメートとけんかになって暴力をふるった男の子を呼んで、ゆっくり気持ちを聴いてみたそうです。

「何があったんだ？ おまえにもそれなりの理由があったんだろう」と聞くと、男の子は、歯を食いしばって何もいわない。そこで、先生は自分のことを思い出して「そういえば俺も、中学のときけんかして、こういう気持ちでどうにもくやしくて殴ってしまったことがあった」と告白すると、はじ

Part.2 Building good relationships with your children

　めて、ツッパっていたその子が「へぇー、先生も?」とまじまじと顔を見て、そこからだんだん打ち解けてくれて、「じつは、おふくろの悪口をいわれたんだ」と話してくれたというのです。

　彼は母子家庭で、水商売で懸命に働いているお母さんを大切に思っていました。でもそんな母親を、友だちがひどく侮辱したので、がまんできなくて殴ってしまったこと。またお母さんを尊重する気持ちから、先生にも誰にも話したくなかったこと。

　そんな自分の思いをひとしきり語り、聴いてもらうと、「でも俺も、やっぱり殴ったのは悪かったと思う。明日あやまります」と、その子の方からいい出し、先生もびっくりしたということでした。

　「けっして殴ったことを認めているわけでも許しているわけでもないけれど、でも殴らざるをえなかった当人の気持ちを受容することと、やった行為を許容することは違う。そのことの意味がよくわかりました。彼があのまま自分の気持ちを誰にも受けいれてもらえなければ、また同じ暴力という表現方法をとるだろうし、反抗はもっとエスカレートして、心はどんどん傷ついていったでしょう」と、先生は話していました。

自分を認めてもらえない子、自分の価値を実感できない子ほど、そのつらさ、苦しさから人をいじめたり攻撃したりします。でも、自分を尊重され、自分の価値が認められ、自分を大事に思うことができれば、友だちの価値や権利を認められるし、友だちを大事に思えるのだと、私は信じています。

　また、このとき閉ざしていた男の子の心を開くきっかけになったのは、先生自身が自分の体験をふりかえり「自己開示」してくれたことも大きな要素だったと思います。子どもたちへの「受容と共感」とともに、私たち大人自身が自分のなかにある弱さや過ちも、いったんあるがままに受けいれ、そのときの自分のつらさや苦しさを理解してあげることも重要でしょう。

●子どもとのいい関係のために
……方法とポイント（受容と共感）

❶ 子どもの話を聴く

❷ フィードバックする

❸ 自分の気持ちを「Ｉ（アイ）メッセージ」で伝える

❹ どうしたらいいか一緒に考える

❺ 受けいれられないときは、無理をしない

Part.2 Building good relationships with your children

❶ 子どもの話を聴く

　「聴く」は、ただ単に音を聞くのではなく、文字通り「耳」を大きくして「十四」回も「心」を傾けて聴くこと。アクティブ・リスニング(積極的な傾聴)といわれているものです。

　子どもの話を聴こうと思いながら、私たち親は、すぐに「でも」とか「まちがってるわよ」とかいいたくなっちゃうんですけど、そこでいったん、自分のいいたいことは脇に置いて、まずは子どもの気持ちに耳を傾けてみる、ということですね。

　でもこれはいうは易し、行うは難しで、私もついすぐ、「あ、それはこうしたらいいのに」と教えたくなったり、「ほら、やっぱり、そんなことしたから、こうなったのよ」とか口を出したくなっちゃうんですよね。

　だけど、「あなたの話を一生懸命聴いてるよ」という気持ちが伝わると、子どもは自分を大切にしてもらった、愛されていると感じるし、大人でもじっくり自分の本当の気持ちを聴いてもらえることは、すごくうれしいし、安心するものです。つまりこれが自尊感情を育てるんですね。

　だから私は、お母さんが子どもの話を落ち着いて聴けるようになるには、まずお母さん自身が自分の話を充分誰かに聴

いてもらえることが、大切で必要だと思ってます。

　仲間でも夫でも、とにかく安心して自分の話を聴いてもらえる人との関係を、お母さん自身が求めてつくっていくようにしましょう。

　また、ここぞというときは、聴く前に腹式呼吸で自分を落ち着かせてみるのもいいですよ。

　カウンセリングでも相手の気持ちを聴きますが、うなずき、相づちが大事です。「そうなの、本当」「なるほどね。そうなんだ」と、つまりちゃんと聴いてるよということを、きちんと意思表示することで、相手も安心できるわけですね。

↓子どもの話にじっくり耳を傾けてあげたことを書いてみましょう。

❷ フィードバックする

　子どもの気持ちをしっかり受け止めるために、よくわからないときや、これでいいかなと思うときに、子どもの言葉をくり返していってあげてみましょう。

　これは相手の気持ちをフィードバックするということです。つまり「痛い」といわれれば「そう、ここが痛いんだ」「そう自転車で転んで、びっくりしちゃったんだねー」というふうに、その子がいっていることを聴いてるよ、ちゃんと感じてるよ、一緒に考えてるよということを伝えてあげるように、フィードバックするということ。

　そうすると子どもは「あ、お母さんは受け止めてくれてるんだ」と、それだけでもまず安心します。

　「おもちゃ、お片づけするの、いやだなー」と聞けば、「そんなこといってないでやりなさい！」といっちゃうんですが、「そう、お片づけするのいやなんだー」といえば、なんでいやなのかを話してくれたりします。子どもがいうことを聞かないと、お母さんも「なんであんたはやらないの！」と、つい攻撃的になっちゃうんですが、いったん「なんでいやなの？」と落ち着いて気持ちを聴いてみると、「今日は、幼稚園であんまり楽しくなかったから。もっと遊びたい」とか「ママにぼく

がつくったブロックを見てほしいから」とか、子どもなりの理由や気持ちを表現できたりします。

　私たちも「今日はごはんつくるのいやだな」というときがあるわけですね。それでも「私だってがんばってるんだから」と自分に課していると、「つべこべいわずがんばりなさい！」と、子どもにも強要してしまいます。そこで「いいよ。ごはんつくらなくても」といってくれる誰かがいれば、涙が出そうになるわけです（笑）。私はそんなとき、自分で自分にフィードバックしたり、共感や許しをあげたりしています。「そうかー、疲れてるんだね」「今日はもういいよ、ゆっくり休みな」と。それでしばらく横になって休んだりしていると、「よし、やろう」と元気になれるんです。

　ですから自分自身が、本当の自分の内なる声を無視してがんばりすぎていたり追い立てたりしていないか、そこに気づいて、自分の声もじっくり受け止めてフィードバックしてあげてください。

↓子どもの言動に対する自分のフィードバックを書いてみましょう。

Part.2 Building good relationships with your children

❸ 自分の気持ちを「Ｉ(アイ)メッセージ」で伝える

　今までは聴くほうの話でしたが、今度は自分の気持ちを率直に伝えるということです。

　子どもを怒ったり攻撃的になってしまうときって、私たちはほんとはもっと別の気持ちやいいたいことがあるんですね。そんなとき、自分の素直な気持ちを「私は〜」で伝えるＩメッセージにして子どもに伝えてみましょう。親が素直に自分の気持ちを伝えると、子どもも素直に自分の気持ちを伝えてくれたりします。

　たとえば子どもが夕方いつもの時間になっても帰ってこない。ヤキモキして待ってたら、ずいぶん遅くなってから子どもが帰ってきた。そのときどういうか。これはよくロールプレイでやるパターンですが、攻撃的になる場合は、「何時だと思ってるの！　あんたはいつも時間を守らないんだから」「いい加減にしなさい。もう、そんな子は出て行きなさい！」と、帰ってきたのに出て行きなさいということになりかねないんですね。これはウチの実例です(笑)。

　これを主張的なＩメッセージでいい直すと、「あなたがこんなに暗くなっても帰ってこないから、お母さんはとても心配で、いても立ってもいられなかったのよ」。まず「私は

心配だったんだ」という素直な自分の気持ち。暗くなっても帰ってこないという事実。それに対して子どもの身を案じていた思い。あるいは、信頼しているのに約束を守ってくれないと悲しいよ、という気持ち。それをＩメッセージで伝えます。

「お母さん遊んで」と子どもがいうとき、忙しいとイライラして「うるさいわね！ あっち行ってて静かにしててちょうだい！」ってなっちゃう。でも、「お母さんはこれからごはんの支度をしようと思ってるの。一緒に遊びたいんだけど、今あなたと遊んでるとごはんの支度ができないの。そうするとごはんが食べられなくなってしまうでしょ、だから困るのよ」と、今の状況・事実を伝えて、Ｉメッセージで語るということです。

↓子どもに伝えたいことをＩメッセージにして書いてみましょう。

Part.2 Building good relationships with your children

❹ どうしたらいいか一緒に考える

　そして子どもとのコミュニケーションで大事なこと。「どうしたらいいか、一緒に考える」。私たち親はつい一方的に「こうしたらいいよ」「こうしなさい」と決めて押しつけてしまいがちですが、結局、命令されたり押しつけられると、子どもは反発します。

　どんなに小さくても、子どもは子どもなりの自尊欲求があって、自分で選び、自分で決め、自分でやりたいのです。自己決定権、自己尊重権が、もちろん子どもにも大人にもあります。

　子どもの意志を尊重して、それができるように手伝ってあげられたら、子どもの自尊感情も満たされますよね。

　「どうしたらいいと思う？」「そうしたらどうなるかしら？」というようないい方で、一緒に考えてみる。「絶対こっちがいい」といい張ったら、「じゃあ、それを選んだらどうなるかな」と、子どもが考えて決めて、そうして選んだことの結果は自分が引き受けるということを、子ども自身が経験することも大切です。

　たとえば子どもたちが、包丁を使いたいというときは、安全な場所で使うこと。それを大人が見守るわけですが、子ど

もが一番大きい包丁を選んだら、「それ大きいけど切りにくいよ。切りにくいのは危ないよ。こっちの小さいほうが切りやすいと思うよ」といっても、「いや、ぼくは絶対この大きいのがいい！」といい張る。じゃあやってみればと、やってみると、実際に切りにくい。途中でいやだ、取りかえてといい出しても、もしもすでにそれをほかのお友だちが選んで使っていたのなら、自分が選んだもので作業しなきゃいけない。つまり自分で決めたことなんだったら、自分で責任を負うんだよ、ということです。

　最初から、親が強引に子どもの意見を否定するだけでは、子どもには自分の選択がなぜ否定されるのかわかりません。体験してないから自分の選択がよかったのかどうかわからないし、納得してないから、親への不満や不信感だけが残るわけです。「お母さんはぼくの力を信用していないんだ」という意識や無力感が残ってしまう。そして自分の判断で物事を決めたり、状況に臨機応変に対応する力が育ちにくくなってしまいます。

　自分がそうすると、どういう結果になるか。自分の行動が、自分や相手にどのような影響を及ぼすかが、具体的にわかることが大切なんだと思います。そうした体験の裏打ちが、その場の状況にふさわしい判断や、自分の言葉や行動への責任を育てていくのでしょう。

❺ 受けいれられないときには、無理をしない

　親やまわりの言動だけでなく「雰囲気が子どもを育てる」ということがあります。雰囲気というのは、まさに気(エネルギー)なんですね。子どもは何に一番影響を受けるかというと、親や周囲のかもし出す雰囲気、そして自分をとりまく肯定的なエネルギーのなかで自尊感情を育てます。子どもは、雰囲気を感じとる力が私たち以上にあるんですね。

　だからお母さんがいくらやさしい笑顔で、やさしい言葉で「大丈夫よ。お母さんは別に気にしてないわよ」といったところで、お母さんから出ている気がピリピリしていれば「これはマズイぞ、ヤバイぞ」とわかるわけです。

　もし、すごく頭にきているときや、イライラしているとき、すごく疲れているときなど、「ああ、今は子どものいうことをちゃんと聴いてあげられないな」というときは、「ごめん。今は聴いてあげられない」と自分の限界を伝えることも大事です。

　親の雰囲気や波動を、子どもは敏感に察知します。親の気持ちと言動が自己一致していない状態を見せると、子どものなかでも葛藤が起こります。

だから自分がまず自己一致しているかどうか。本当の気持ちに行動が伴っているか。それを大事にしてください。

　親だって、限界はあります。いつもニコニコしていられる親なんてどこにもいません。子どもをいつも受容できる親も、どこにもいないんです。

　子どもを受容しようと無理をして、かえってイライラするよりは、自分の限界を認めて、自分をいたわってあげましょう。そのほうがかえって、あとで元気が出てきたときにちゃんと子どもの相手をすることができます。また、子どもも、そういう親の姿を見て、「できないときにはできないっていっていいんだ」「つらいときはつらいっていっていいんだ」と、自分を大事にするということがどういうことかを学んでくれるはずです。

Part.2 Building good relationships with your children

子どもの怒りを
受け止める
Accepting anger of
your children

Column

感情を認めるうえで、特にやっかいだと感じるのは「怒り」ではないでしょうか。怒りは悪い感情で、表してはいけないもの、と思いがちです。でも、感情には本来、よい感情も悪い感情もありません。怒りも悲しみも、生きているからこそ起こる自然な感情で、ちゃんと認めて大切にあつかってあげることが必要です。

最近の少年事件やいじめなどで、「特に問題のないおとなしい子」「成績も優秀なイイ子」と見られていた子たちが加害者になっているのも、自分のなかの怒りを抑圧しつづけた結果、ゆがんだ形で暴発させてしまっているように思えます。

怒りを感じたときに、モヤモヤするその感情を言葉にして誰かに聴いてもらったり、適切で安全な方法で表現していくことが大切なのです。

息子が幼いころ、保育園から帰ってきて、プンプンいらついていることがありました。どうしたのか聴い

てみると、ある子にいじわるされたというので、実際に何が起こったのか、私と息子でロールプレイしながら再現してみることにしました。

保育園で工作をしていたときのこと。ちょっかいを出してきた子に作っていたものをけなされ、「や～い、ばかばか！」といわれて、息子は一瞬泣きそうになったのをこらえて、無理につくり笑いをしました。

そこで「どうして笑ったの？」と息子に聴くと、「本当は泣きそうだったけど、笑えば、ちょっとでも楽しくなるかなって思ったの」。これはショックでした。「そうか、つらかったね。でも今は、そのときの自分の気持ちをそのまんま出していいよ。本当はどうしたかったか、もう1回やってみようね」と、改めて、同じ場面をやり直してみました。すると、今度は息子はすごい勢いで突進してきて「ばかばか！　ぼくはお母さんにあげるプレゼントをつくってたんだ！」と、私の懐をバンバン激しくたたきながら怒りをぶつけてきました。その後、「ストップ！」をかけてしばらくして落ち着くと、息子は自分から「でも本当にこうしていたら○○ちゃんは痛いよね、ケガしちゃうよね」といいました。それで「そうだね、えらいね、よくわかったね。じゃあ、こういうときはどうしたらいいか、一緒に考えようか」と話しあうことができたんですね。

子どもは親や安心できる大人に話を聴いてもらったり、感情を受け止めてもらうと、安全な解消方法を見つけていけるようにもなります。怒りを感じたらクッションをバンバンたたいて発散したり、好きな音楽をかけて思いっきり踊ったり、散歩や運動をして気分転換するのもいいでしょう。

そうやって、子どもも私たち親も、日常の怒りをためこまないでストレスを解消する方法を一緒に見つけていきましょう。

Part.2 Building good relationships with your children

わたしの権利・子どもの権利

Chapter ❼

子どもは大人と共に生きる
対等なパートナー
お互いの権利を
大切にしよう！

●子どもの自己決定権

　うちの子は、生後8ヵ月から公立保育園の集団保育のなかで、いろんな体験や遊びをしながら、のびのびと育ちました。でも小学校に入ってからは、やはり保育園とは勝手が違うようで、「保育園はよかったなぁ、楽しかったなぁ」と、ぼやくようにもなりました。

　入学してまもない5月、早くも運動会があり、1年生にもダンスの練習がはじまりました。曲目は、確かそのころ流行っていたV6の「輪になって踊ろう」で、保育園のころから踊るのが大好きな息子には、うってつけのノリノリの曲でした。

でも、練習がはじまるようになると、毎日暗い顔で帰ってきます。聴いてみると「ぼくダンスいやだ、踊りたくない」「そうなんだー。でもどうして？　あんなに踊るの好きだったじゃない？」「だって、保育園のときは先生が、そうそう、うまいよ、いいよ、って、できたところをほめてくれたけど。でも小学校は、そこ、だめ！　右じゃないでしょ、左！　って先生が怒ってばかりいるんだもん…」。なるほど。いかに保母さんたちが子どものいいところをほめながら、やる気を引き出し、自信をもたせてくださっていたかということを、改めて痛感し、感謝しました。

　さっそく私は学校に行って、担任の先生にやんわりと相談してみました。「先生、猿もおだてりゃ木に登るですから。まあひとつ、できたところをほめてやってくれませんか。うまくそろわないところもあるかと思いますが、適当に目をつぶってやってください。間違いを指摘されると、どうも萎縮してしまうようです。励みになる子もいるでしょうが、あの子の場合は、かえって逆効果になるみたいです」。

　先生もひとまず納得してくださいました。先生にしても、大人数の生徒をひとりで見ている苦労は大変だろうと思います。しかし、その後、息子はとうとう練習中にまったく踊らなくなってしまいました。

Part.2 Building good relationships with your children

　いよいよ運動会の前夜、布団のなかで「明日のダンス、やっぱり踊りたくない?」と聞くと、息子はきっぱり「うん」。母親としたらこんなときどうすればいいんだろうと、ため息が出ます。「お母さんは、ぼくに踊ってほしい?」。ドキリとしました。自分の正直な気持ちをよーく見つめて答えました。

　「うん、できたら踊ってほしいと思ってた。でもね、今聞かれてわかった。なんで踊ってほしいのかなと思ったら、それはお母さん自身が、笑われたり非難されたらいやだって気持ちがあったからなんだよね。それに、あなたが笑われたり非難されても、私は代わってあげられない。それが一番つらいよ。でもあなたが自分で決めたことなら私はもうそれでいい。自分で選んだことの結果は、自分で引き受けるしかないよ。それでもいい?」

　息子は一瞬考えて「うん、ぼく大丈夫だよ」。「そう。だったら明日、お母さんもお父さんも、ずっと最後まで見守ってるからね」。そういうと息子は安心して眠りました。

　翌日の運動会、みんながくるくると輪になって踊るなか、息子はひとり仁王立ちのまま最後まで踊らずに通しました。だけど気づいたことは、どこの親もわが子をビデオやカメラに撮ることに必死で、誰もうちの子なんて見ていない(笑)。悩んだことも杞憂に終わりました。

●子どものことは子どもに聴こう

　こんなふうにすったもんだしながら、私もわが子に問われながら、悩みながら、子育てしています。この20年、私はいろんな子どもたちを取材してルポを書いたり、悩みを聴いたりしてきて、子どもたちから多くのことを学ばされてきました。その体験がなかったら、わが子に対しても「とにかく先生のいうことをちゃんと聞きなさい！」「みんなやってるんだから、つべこべいわないでやりなさい！」なんて、いってたかもしれません。

　だからいつも「子どものことは子どもに聴け」「子どもに学べ」というのが私の核心です。

　その後、息子は翌年の運動会からけろりとダンスを踊っています。もし、あのとき「何いってんの！　みんながんばってるんだからやりなさい！」と、無理矢理にでもやらせようとしていたら、小さかった風邪がこじれていたかもしれないし、心もからだももっとかたくなになっていたかもしれません。

　子どもの権利を尊重することの大切さと同時に、それに伴う責任をどう示し伝えていくのか。悩むことも多いし、どうするのが一番よかったのか、今もわかりません。でも今はと

Part.2 Building good relationships with your children

りあえず、子どもが自分の気持ちを大事にして素直に表してくれる、それが私はうれしいし、子どもの力を信じて見守りたいなと思っています。

●わたしの権利　ぼくの権利

憲法で定められている基本的人権、子どもの権利条約にある子どもの権利など、私たちひとりひとりのもつ権利を、子どもにもわかりやすい言葉で表現した10カ条です。

●●

①**わたしには、対等な人間として、尊厳をもってあつかわれる権利がある。**

あなたはこの世にたったひとつの、かけがえのない、たいせつないのちだってこと。誰も、あなたの心やからだをきずつけたり、いじめたり、差別してはいけないってこと。

②**わたしには、自分の感情と意見をもち、それを表す権利がある。[自己表明権]**

自分の感じたこと、思ったことを、自由に、人にいったり発表していいってこと。自分の気持ちをたいせつにして、泣いていい、怒っていい、笑っていい、ありのままのあな

たでいていいってこと。

③ **わたしには、自分の価値を尊重される権利があり、自分の価値観に耳をかたむけてもらい、まじめにとりあげてもらう権利がある。**[**自己尊重権**]

　　誰がなんといおうと、あなたは価値ある存在だってこと。イイ子でなくても、優等生でなくても、生きてるだけですばらしい、たいせつな存在だってこと。そしてほかの人からも、あなたの価値をみとめてもらい、たいせつにあつかわれ、安心して生きるけんりがあるってこと。

④ **わたしには、自分にとって大切なものを、自分で決める権利がある。**[**自己決定権**]

　　やりたいか、やりたくないか、ほかの人からきょうせいされずに、「イエス」「ノー」を自分できめていっていいってこと。自分の人生を、自分でえらんで生きていいってこと。

⑤ **わたしには、まちがいをする権利がある。**

　　けっして「完ぺき」でなくていい、「不完全」でもいいってこと。まちがえても、しっぱいしてもいい、なんどでもやりなおすけんりがあるってこと。

Part.2 Building good relationships with your children

⑥わたしには、考えを変える権利がある。

　　　いままでとちがった考え方や生き方をしてもいいってこと。あたらしい自分にかわってもいいってこと。

⑦わたしには「わかりません」「できません」という権利がある。

　　　わからないことがあっても、わかったふりをしなくていいってこと。できないことは、むりにしなくてもことわっていいってこと。

⑧わたしには、ほかの人の悩みの種を自分の責任にされることをことわる権利がある。

　　　あなたのせいでおこったわけではないもんだいを「おまえのせいで…」「あんたがいるから…」ってひなんされたり文句をいわれても、自分が悪いと思わなくていいってこと。その人のくるしみやかなしみは、その人じしんのもんだい。あなたが自分をせめなくてもいいってこと。

⑨わたしには、自分にとって必要な休息や遊びの時間、自由な時間をもつ権利がある。

　　　つかれたときは休んでいい、ボーッとしたり、好きなことして遊んだり、自分のための時間を楽しんでいいってこと。

そしてほんとうにしんどいときは、むりしないで、何もしなくてもいいってこと。

⑩ わたしには、自分の権利を、行使する自由と行使しない自由がある。

　自分のいいたいこと、やりたいことを、いつ、どこで、どんなふうに実行するかしないか、自分でえらんできめていいってこと。実行しなくても、あなたのけんりはけっしてなくならないってこと。

・・

　この「わたしの権利　ぼくの権利」を、親である私たち自身の権利として、自分を大切にあつかうことはもちろんですが、ぜひ「わたしには」の部分に、子どもの名前を入れて読んでみましょう。「○○ちゃんには、まちがいをする権利がある」「○○くんには、自分の感情と意見をもち、それを表す権利がある」。そうしてみると、子どもたちひとりひとりが私たちと同じ尊厳をもった対等な「パートナー」であることを思い出せるでしょう。

自分を
あきらめないで
Don't give up on yourself

Column

「権利意識」は、私たちの自尊感情を育むうえでとても重要です。

前のページで紹介した「わたしの権利　ぼくの権利」の10カ条を、私はいつもお母さんたちの講座で配ります。すると「私にもこんなに権利があったんですねえ」としみじみおっしゃる方が少なくありません。それは、子どもたちのワークショップでも同様です。

「学校でも家でも、自分にこんな権利があるなんて教えてもらったことなかった。いくらがんばってもいつも認めてもらえなくて、テストで100点とっても、それが当たり前で、100点とれない私は、生きてる価値がないと思ってた」

そういってボロボロ泣き出した高校生の女の子もいました。

あるお母さんは、やはりそんなしんどい子ども時代を生きてきて、子育てにも苦しんでいました。

「私は、いつも自分の悪いところを

紙に書き出して、直さなくちゃいけないと思って、それを毎日読んでは自分を叱ってたんです」

　でも、それをやめて、かわりにこの権利の10カ条を、家の壁に貼って見直すようになってから、「失敗しても欠点があっても、私は私でいいんだ！　そう思えるとラクになって、子どもを怒鳴ることも自己嫌悪になることもへりました」と、どんどん笑顔がふえていきました。

　権利の意識をもつということは、ありのままの自分をOKだと信じて肯定できること、そして「自分をあきらめない」力をもつことだと、私は思っています。自分の権利を知って、その力を得てエンパワメントされるようになると「自分は尊重されるべき価値ある存在」だという自己肯定基盤がつくられていきます。

　いじめを受けるなかで「いじめられるのは自分が弱いからだ。弱い自分はいじめられても仕方ない」と、自分を否定し、あきらめていた子が、「たとえ弱くてもぼくには生きる権利がある、尊重される権利がある。ぼくをいじめていい権利なんて誰にもないんだ！」と思えると、いじめの矢を跳ね返す抵抗力が生まれたり、たとえいじめられても「ふん、ばかばかしい」とかわしたり、攻撃の矢から自分のいのちを守り、生きぬいていく力になります。

　そして自尊感情を守るためのこんなセルフアファーメーション（自分を肯定する励まし）の言葉があります。

　「誰がなんといおうと、私は価値ある存在です。誰がなんといおうと、私はこの世にたったひとつのかけがえのない大切ないのちです。

　誰が私に何をしようと、私のいいところはなくならない。私は今このままで、この宇宙に唯一無二のすばらしい存在です」

　声に出してみると力がわいてきますよ。

Part.3
家族や友だちといい関係をつくる

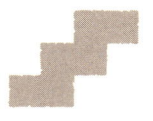

Building good relationships
with your family and friends

Part.3 Building good relationships with your family and friends

自己主張トレーニング

Chapter ❽
自分の感じていることを
夫や家族、まわりの人に
伝えてみよう

●今、本当にしたいことはなに？

　毎日子育てに追われていると、「私だって本当はこうしたい！」と思うことや、「こうしてもらいたい！」ということがたくさん起こってきます。したいことというのは欲求、してもらいたいことというのは要求ですね。

　講座にやってくる子育て中のお母さんたちに「今、一番したいことはなんですか?」と尋ねてみると、こんな答えが返ってきます。

　「ひとりでゆっくりお風呂に入りたい」「なんにもしたくない。ひたすら眠りたい」「喫茶店で好きな本を読んだり友

だちとおしゃべりしたい」。つまり、子どもや家のことから解放されて、一日でも、数時間でもいいから「自由な時間をすごしたい」というものでした。

　何もそれは大それた要求でもわがままでもなく、「自分の時間がほしい」という、人間としてごく当たり前の基本的な欲求です。

　でも、どうしても子どもが小さいうちは、「やっぱり私ががまんしなくちゃ」と、お母さんが家事も育児もしょいこんで、ある日、「もうやってられない！」なんてキレちゃうことにもなりかねません。

　いくら子どものため、家族のためとがんばっていても、ムリをしてると、どこかでストレスがたまり、からだの具合が悪くなったり、子どもや夫に当たっちゃったり、生きるのがつらくなってきます。

　やっぱり私たち人間には、できることの許容量があって、限界があります。この限界を認めて、自分の欲求を大切に認めてあげるということも、自己尊重の一歩です。

　自分の時間がほしい、ちょっと子どもをみていてほしい、助けてほしい。そんな自分の気持ちをその場その場で表現したり、解消していくためにはどうすればいいか。それを一緒に考えていきましょう。

Part.3 | Building good relationships with your family and friends

●誰かに子どもをみてもらう

　ひとりの時間がほしいと思ったとき、子どもを誰かにみていてもらいたいとき、まず具体的にどんな方法があるでしょう？　誰に見てもらいますか？　実際にあげてみましょう。

●●

　夫。自分の親。夫の親。友だち。姉妹兄弟。親類。近所の人。子育て仲間のママ友だち。保育園の保育士さん。民間のベビーシッター。公民館や行政主催の講座の保育者さん。ファミリーサポートセンターや子育て支援事業のサポーターさん…。

　私の場合、子どもを生後8カ月から保育園に預け、つれあいや友だちはもちろん、小学校4年生の女の子に、おやつと薄謝で子守りを頼んだこともありました(笑)。

実際に何か「～したい」という自分の欲求を感じたら、「どうせムリ」とあきらめてしまうまえに、その実現のためには何が必要か、どういう解決方法があるか、具体的な選択肢やアイディアを思いつくかぎりあげてみたり、書き出してみたりして、問題を整理していけば、現実に行動に移していきやすくなります。希望を実現するためには、もやもや漠然と思っているだけでなく、具体的なアクションが必要です。

●夫に子どもをみてほしいと伝える

 さて、お母さんたちの講座で一番多かったのが、なんといっても「夫に子どもをみてもらいたい」です。

 そもそも、同じ親であり、わが子なんだから、「当然でしょ」という気持ちもありますね。一番身近で、誰よりも一番、子育ての苦楽をともに分かちあってほしい人、わかってほしい人、それが「夫」ではないでしょうか。でも現実には、肝心のパパが一番遠い存在だったりもします(笑)。

 子どもが思春期になってから、さあ、お父さんと仲良くしましょう、なんていっても、下地がないところにいきなり子どもとの信頼関係をつくろうと思っても難しいですね。子どもがうんと小さなうちから、子育てにはもっとお父さんの出番が必要です。

Part.3 Building good relationships with your family and friends

●自己主張トレーニング・実践ロールプレイ

テーマは「夫に子どもをみてもらいたい」、これをどう伝えるか。自分の気持ちや要求を相手に気持ちよく主張的（アサーティブ）に伝えるための「自己主張トレーニング」をやってみましょう。

友だちと、2人1組になってみてください。
そして次の設定で、夫役と妻役にわかれて「ロールプレイ」をやってみましょう。

ロールプレイ ①

来週の金曜の夜に、学生時代の親友と久しぶりに会って、コンサートに出かけることにしました。その日は夫に早めに家に帰ってきてもらい、子どもをみてもらいたいと思います。その気持ちを夫に伝え、子どもの世話を頼んでみましょう。

この設定は、夫の休日でもいいし、同窓会や勉強会に出かけたいという目的でもかまいません。とにかく「自分の興味や楽しみ」を、ときには優先して自分にごほうびをあげる、つまり自分を大切にするトレーニングです。

Chapter ❽ 自己主張トレーニング

●自分の要求を誰にどう伝えたいか書いてみましょう。

to

Part.3 Building good relationships with your family and friends

ロールプレイ ②

　さて、その1週間後の金曜がやってきました。しかし夫は、約束した時間になっても帰ってきません。携帯電話もつながらず、連絡もありません。結局、あなたは出かけられず、夫は深夜0時をすぎて、ようやく家に帰ってきました。今のあなたはどんな気持ちですか？　帰ってきた夫にその気持ちを伝えてみましょう。

　さっきは、「要求」や「欲求」を伝える自己表現でしたが、今度は「怒り」を伝えるトレーニングです。腹が立った、怒りを感じた、としたら、その気持ちを夫に伝えてみます。いいにくいことを伝えるときに、なかでも表現するのが難しいなと感じるのは、この「怒り」の感情、そして「ノー」を伝えること、「断る」ことですね。じつは先ほどの夫役のロールプレイ、頼まれたことに対して、自分はどうしてもできないと思うときには、きっぱり「ノー」をいうというトレーニングでもあります。立場を変えてやってみることで、相手の気持ちが実感できることもありますね。
　では、今度は自分の「怒り」を伝えてみましょう。

Chapter ❽ 自己主張トレーニング

●自分の怒りをどう伝えたいか書いてみましょう。

to

Part.3 Building good relationships with your family and friends

●率直に気持ちを伝えるためには？

　それでは、ロールプレイをふり返って、自己点検してみましょう。

　自分の言動が「攻撃的」だったか、あるいは「非主張的」だったか、そのどちらでもなく「主張的（アサーティブ）」に表現できたか、この3つのパターンから見ていきましょう。

①攻撃的（アグレッシブ）な態度

　「あなたは～」を主語にした"YOUメッセージ"で相手を非難するのが特徴です。「あんたは父親なんだから、子どもの面倒見るくらい当然でしょ！」「あなたは、いつもそうなんだから！　自分勝手でひどい人！」など、相手を断定的に決めつけて批判します。また相手の主張やいい分には耳を貸さないで、一方的に自分の主張や感情をぶつけます。「いつも・必ず・絶対」といった大げさな表現で断定するのも特徴です。

　つまり、自分の権利は優先しても、相手の権利は尊重していない（自分＞相手）ということ。

　行為では、腕をふりあげたり、指をさしたり、相手を威嚇したり、強さをオーバーに示そうとします。また机をドンとたたいたり、物を投げたり暴力的になったりします。

②非主張的(ノン・アサーティブ)な態度

　攻撃的な態度とは反対に、自分の権利より相手の権利を優先してしまう(自分＜相手)場合です。

　たとえば、「オレは仕事なんだから仕方ないだろ！」と攻撃的にいわれると「そうね、やっぱりダメよね…」と、自分の欲求を抑えたり、主張をひっこめてしまう。がまんして怒りを飲み込んだままにする。こうして抑圧された「怒り」が表現されないままたまってくると、つもりつもって「恨み」になったりもします。

　また、この非主張的な態度の特徴に、いいたいことをはっきり言葉にしないで、まわりくどい表現やいやみな行為で示す、というのがあります。

　たとえば日曜日。夫はごろんと寝っころがってのんきにテレビを見ている。「掃除を手伝ってほしい」と思ってるのを、「あーあ、ちっとも片づかないわー。も～大変」とかいいながら、横でこれみよがしに掃除機をガーガーかける(笑)。もっと攻撃的に出ると、扉をバンッとしめるとか、言葉に代わって遠回しな態度で示そうとする。

　小さな子にとっても、混乱するのは「皮肉」や「嫌み」です。掃除したところを汚されたりして「まあ、なんてすばらしい

ことをやってくれたの！」とか「こんなイイ子で涙が出るわ！」とか。親の言葉と、本当の感情が違うのは、子どもが混乱するだけでなく、子ども自身が自分の感じていることを人に表すことを怖れることにもつながります。

③主張的（アサーティブ）な態度

　では、攻撃的でも非主張的でもない、主張的な態度とはどんなものでしょうか。

　自分の権利も尊重するし、相手の権利も尊重する（自分＝相手）という態度ですね。「私は〜」を主語にした"Iメッセージ"で自分の気持ちを率直に伝えます。

　たとえば、「私は来週の金曜、友だちとコンサートに行きたいの。それで私は、あなたに子どもの世話をしてほしいと思ってる。そのためにあなたに必要なものがあれば、私もできるかぎり協力して準備したいと思ってるんだけど、どうかしら？」と、要求をはっきり伝え、相手を攻撃したり、自分を卑下するわけでもなく、相手の権利を損なわないで、自分の権利を主張します。また必要に応じて、協力や提案もできます。

　相手の了解を得られたら、「ありがとう」と、感謝の気持ちも忘れずに伝える。もしも断られても、「それじゃあ仕方な

いわね。でも、私はすごく残念だわ」と自分の気持ちは伝える。また納得できないなら「それなら今回はあきらめるわ。じゃあ、別の日でいつなら都合がいいかしら？」「ぜひ、次の休日には出かけたいわ」など交換条件を提案したり妥協案を出すこともできます。大切なのは、不満や怒りをためこまずに、できる方法で解消するようにすることです。

　「怒り」を表現する場合も、「あなたってひどい人ね！」「私のことなんか全然考えてないんだから！」と攻撃するのではなく、「私はあなたが帰ってきてくれなくて、とても腹が立った。友だちと出かけられなくてとても悲しかった。それに連絡もなくて、何があったのかとすごく心配もしたよ。もうこんな思いはしたくない」と自分に起こった事実を述べ、あくまで自分の気持ちを"Iメッセージ"で伝えます。

　またその「怒り」の根っこには、「私はあなたに約束を守ってもらえなくてどんなにつらかったか。私はあなたに尊重されていない気がして悲しかったんだよ」という真実の気持ちがあるかもしれません。だったら「これからはもっと私を大切にあつかってほしい。今度からはちゃんと連絡をしてほしい」など、お互いの関係をよりよくするための前向きな提案や要求も伝えられるでしょう。

Part.3 Building good relationships with your family and friends

主張するかしないか 自分が選ぶ
Making your choice to speak up

Column

ロールプレイはいかがでしたか。自分の気持ちを、主張的に伝えられたでしょうか。

もちろん、いつもその場でスラスラと言葉にできるわけではないでしょう。人間ですもの、「いつも」「必ず」「絶対に」なんてムリです。これ、「大げさな表現」ですね。

でも、だからこそ、カッとなったときはいったんお腹に力をいれて深い腹式呼吸をして、まずは自分を落ち着かせてみるようにしてください。そして、怒りに波立っている心の奥底にある、本当の自分の感情や傷ついた心を、ちゃんと受け止めて、まずは自分自身が自分の気持ちをよく理解してあげましょう。

もしも、その場では自己主張できなくても、あきらめずに、何度でもくり返し「私は」で伝える練習をしてやり直してみましょう。

一度紙に書いてみたり、手紙にしてみてもいいでしょう。自分の気持

ちを冷静に見つめられます。

　また、自己主張したからといって、いつも相手が納得してくれたり自分の思い通りにいくとはかぎりません。そして時と場合によっては「自分を主張しない権利」を選ぶこともできます。「私は今ここでこう主張することもできる。でも今はそれをしない」と、自分の責任で選ぶことも、ひとつの主張的な態度です。

　たとえば、主張すると、自分に不利になる場合や、危険が及ぶ場合など、自分の身を守るために「主張しない」ということを選んだっていいんです。

　ただしここで肝心なのは、主張しなかったときに「ああ、私はダメだ」と自分を否定したり、自分を無力だと思わないこと。

　また、主張しなくて相手に伝わらなかったことを「あの人はわかってくれない」と相手のせいにはしないこと。

　つまり自分を大切にするために主張してもいいし、しなくてもいい。自分の人生を自分で選択して決める権利を、常に自分がもっているっていうことを忘れないでいてください。

　あと、最後にひとつ、くれぐれもお願いです。

　こうしたトレーニングをはじめると、今まで無意識にやっていた自分の行動パターンにいろいろ気づくようになって、「あ、私、また攻撃的になっちゃった」とか「ああ、私って非主張的なんだよな」って、意識するようになるかと思います。でも、どうか「自分を責めない」ようにしてください。

　「今回は攻撃的になっちゃったけど、それに気づけた私はえらい！」「今日はうまくいえなかったけど、次はもっとこうしよう！」と、自分をほめて励ましながら、楽しく練習してみてください。

Part.3 Building good relationships with your family and friends

助けあえる仲間をつくろう

Chapter ❾

子育てはひとりで
しなくていい！
まわりにもっと
助けを求めてみよう

●ひとりで子育てしないで

　「ひとりの子どもが育つには村中の人が必要」というアフリカのことわざがあります。

　ひとりひとりの子どもが、自分を肯定して、いきいきと輝いて生きていけるには、親以外のさまざまな人たちの愛と助けが必要です。

　でも一方で、今ほど「子育てが母親ひとりに負わされている時代」はないといわれています。核家族で夫や親にも頼れない、近所に助けを求められる人もいない、人とのつながりがもてない、そんな社会状況のなかで、今の日本の多く

のお母さんたちが、たったひとりで毎日、「母子密着」状態で子育てを負わされています。

　お母さんだって、もちろんわが子をほめてあげたい。愛情いっぱいに、ゆったりと育ててあげたい。でもつらくて、ゆとりがなくて、苦しんでいるお母さんたちの現状があります。だからもう、子どもを自分だけで、親だけで育てようとは思わないこと、いろんな人に抱っこしてもらい、愛してもらい、かかわってもらいながら、地域や社会全体、みんなで子どもを育てていく、そうした意識に切りかえていくことが大切です。

　たとえ今、余裕がなくてわが子をほめてあげられなくても、近所の人やよそのママが「すごいねえ」「かわいいね」ってほめてくれる。保育園や幼稚園で「うわあ、すごいすごい！」「おもしろいね、すてきだよ」ってわが子を受けいれてくれる。あるいは出かけた先で「こんにちは、元気がいいね」って、やさしく声をかけてくれたり、子どもに愛情や関心を向けてくれる人がいる。

　そんなふうに子どもをあったかい目で見てくれる人、その子の力やいいところを認めて信じてくれる人、そんな人がひとりでもふたりでも、周囲にいてくれれば、子どもの「自尊の芽」は守られ、すくすく育っていくと思います。

　「道親（みちおや）」という言葉があります。わが子であってもなくても、

Part.3 Building good relationships with your family and friends

その子が歩く先々の道で出会う大人、ひとりひとりが親になるんだよ、という意味です。

だから、ひとりで子育てを抱え込まないで、そんな道親さんたちに助けを求め、どんどんわが子を愛してもらい、ほめてもらいましょう。そうしてまた、私たちひとりひとりが、わが子だけでなく、お互いの子どもをほめあい、認めあい、一緒に子どもを育てあっていく「道親仲間」になっていけたらいいですね。

●NOがいいあえる関係づくり

さて、そこで大切なのが、素直に「助けて」をいいあえる関係です。あるいは、無理しないで、できないことは「できない」とNOがいえる人間関係。

子育てをひとりでがんばっているお母さんたちは、その一言がいえなくて、自分を追いつめてしまいがちです。「だめな母親だと思われたくない」「人に迷惑をかけてはいけない」。そんなまじめで責任感の強い「パーフェクト・マザー」症候群が、ますます子育てをしんどくさせてしまいます。

「子どもの夜泣きがひどくて私はこんなに疲れてる。どうか少しの間だけでも、この子を代わりにみてほしい」。そう思ったら、素直に助けを求めましょう。「できない」ことを認めることは、恥ずかしいことではありません。自分の限界を

受けいれられると、自分も子どももありのままに受けいれられます。「迷惑をかけたくない」と思うあまりに、自分や子どもを犠牲にしていたら、マイナスをどんどんためこんで、結局は、もっと周囲に負担をかけることにもなります。

また、自分と同じように、相手もできないときは「できない」と、ちゃんと正直にNOをいってくれる、そんな信頼関係があれば、頼むことも断ることも、お互いが気持ちよくできるでしょう。たとえば、子どもを預けあうときも「ちょっと2時間だけ、見ててくれない?」と、素直に頼める。と同時に、「今ならいいよ」とか「今日はごめん、私も用事があってムリなんだ」と、本音でいいあえる関係だと、「私も今度、預かれるときに預かるからね」と、非常に率直でオープンな、風通しのいい関係で、親子ともどもつきあっていけると思います。

でも、ムリなときに「けちな人だと思われたくない」「嫌われたくない」と思って、自分を殺して相手の要求にばかり合わせていると、後で結局「ふん、あの人は自分勝手なんだから」と、つきあうのが嫌になったり関係が続かなくなっていってしまいます。

Chapter 8を参考にして、子育て仲間と一緒に自己主張トレーニングをしながら、アサーティブな仲間づくりをしていくのもいいでしょう。悩みも喜びも分かちあえる仲間がいると、子育てがずっとラクになりますよ。

素直にほめたり、ほめられたりしてみよう

Step･1 ほめる表現

自分や子どもをほめたり、家族だけでなく、仲間や周囲の人のいいところを見つけて、ほめ言葉にして、表現してみましょう。

相手をほめるときに気をつけることは、「私はできないけど、あなたはできてすごいわね」など相手と自分をくらべないこと。相手のいいところをそのまま認め、アサーティブに表現してみましょう。

例 あなたの笑顔はパッとまわりを明るくしてくれるわ、すてきね／あなたってほんとに親切でやさしい人ね／その髪型すごく似合ってるわ、かわいい！／あのアイディアよかったよ、センスいいね

仲間づくり・ミーティングのルール

講座では、次のようなルールにそって、お母さんたちの語り合いの場をもっています。グループづくりの参考にしてみてください。

① 自分の言葉で、正直に、「私は〜」というＩメッセージで話す。
② 相手を攻撃したり、「あなたは〜」というYOUメッセージで批判・中傷しない。
③ 自分と違った価値観をもっているからといって、否定しない。すべてのメンバーに「尊重される権利」があることを認める。
④ 話したくない人に、無理に強制しない。また話し手のペースを尊重し、沈黙や涙もありのままに受け止め、コントロールしようとしない。
⑤ プライバシーの厳守。ここで話されたことは外に持ち出さない。

Step.2 気持ちを伝える

ふだん思っていても言葉にしていなかった感謝の思いやプラスの気持ちなどを、きちんと言葉にして、Ｉメッセージで伝えてみましょう。言葉には「言霊（ことだま）が宿る」といわれるように、肯定的な言葉にはプラスのエネルギーが引きよせられ、ますますいいことが増えていきますよ。

例　あのときは子どもの着替えを貸してくれて助かったわ、ほんとにありがとう／いつも励ましてくれて感謝！　うれしい！／話を聴いてくれてありがとう、あなたがいてくれてよかった

語り合いの場をもち、お互いを尊重しあえるルールをつくろう。

①

②

③

④

⑤

Part.3　Building good relationships with your family and friends

子どもはひとりで育てられない
You can't raise your children alone

Column

今、各地で広がりをみせている「子育て支援」は、単なる「お母さん支援」「親支援」ではありません。

赤ちゃんのときから、いろんな人に愛をもってふれてもらうことで、子どもの脳はより発達していくといわれますが、つまりはその子の心が豊かに育ち、自分は愛される存在であると信じて生きていける、ということでしょう。「社会のみんなで子どもを育てる」というのは、そうした子どもの成長を親以外の人々が支えていく「子育ち支援」なのです。

この数年間、さまざまな子どもたちや家族とかかわるなかで、私は子どもが育っていくうえで大切な三つの要素を実感しました。

ひとつめは、くり返しお伝えしている、自分を嫌わないで生きるよう、自尊感情を育てていくこと。

二つめは、自分だけでなく他者を大切にできること。つまり、ほかのいのちへの共感力です。共感とは「人

の気持ちがわかること」。それにはまず自分自身の気持ちを認められることが大切です。「ぼくはこれがイヤなんだ」「私はそれが気持ちいいの」といった素直な感情を認めて、またそれをほかの人にも受けいれてもらえることで、他者を受けいれられる力も育ちます。「いのちを大切にしましょう」という言葉だけのお説教ではなく、自分のいのちや感情を認められる体験と実感を通して、「思いやりの心」も育まれるのです。

そして三つめは、この自尊感情と共感力を育んでいくための豊かな土壌、つまり子育てを共有しあえるコミュニティ（共同体）の存在です。

自尊感情も共感力も、親だけで、一家庭だけで、育てられるものではありません。人はひとりでは生きていけないこと、互いの弱さを認めあい助けあって生きること。親自身が子育てを通していろんな人とつながり「共生」して生きる意味を学ぶなかで、自分も育てられ、成長していきます。

また逆にいえば、その子がもしも親から無条件の愛を得られなくても、家族にいつも必ずしも共感してもらえなくても、けっしてその子が「だめになってしまう」わけではないということです。たとえ親や家族でなくても、その子を愛し、受けいれ、認めてくれる存在があるなら、いのちは必ず光を求めて、光の射す方へ伸びていきます。それが真っ暗なカーテンのわずか数ミリの隙間から射す光であっても、いのちは懸命に生きようと伸びていきます。

その光ができるだけたくさんわが子に注がれるように、カーテンを開け、子どもが外の世界と出会える機会を妨げないこと。

光に向かって伸びる子どもの力を信じて、ときには他者の手にゆだねてみる。それもまた私たち親の役目ではないでしょうか。

Part.4
私が私であるために

Being myself

Part.4 Being myself

これからのライフプラン

Chapter ❿

私の人生の「主人公」は私！
自分だけの人生を
デザインしてみよう

●自分の夢を描こう

　親になると、わが子にこうなってほしい、ああなってほしいと願うことがいろいろ出てくると思いますが、じゃあ、自分自身への願いはどうでしょう。お母さん自身が、どんな人生を生きたいか、自分のための夢や目標を思い描いてみませんか。

　日本の女性の平均寿命は「85.59歳」(2005年度)といわれています。もちろんどれだけ生きられるかは誰もわかりませんが、とりあえず人生80年と考えると、40歳が真ん中、あなたはどのあたりでしょう。乳幼児の子育てまっ最中という人は、残りの人生がまだ40年以上あるかもしれません。

　じゃあこれから先の人生を、自分自身はどう生きるのか。

子どものため、家族のためだけの人生ではなく、「私が私であるための」人生の目標を、子育てしながら考えていくことは大事ですね。

　今は手のかかる幼いわが子も、やがて自分で歩き、成長していきます。子どもが20歳(はたち)になったとき、巣立ったとき、自分はどんなふうに生きていたいか。「いつか子どもの手が離れたら考えよう」といっていては、子育てはいつまでたっても終わりません。

　人は、目標があると毎日の生活にもハリが出て、目的に向かって颯爽(さっそう)と歩いていけますが、漠然と生きているとやはり漠然と日々は過ぎていってしまいます。まずは自分のやりたいこと、実現させたいことを、長期と短期の目標にわけて、ライフプランを立ててみましょう。

　たとえば、「3年後に高齢者福祉の仕事がしたい」という目標を立てたら、どんな資格や勉強が必要か、働く場や保育園など情報を集めたり、夫や周囲の協力を求めたり、今から準備しておくことが見えてきます。目標がイメージできれば、今の課題が具体的にわかって、ハードルもクリアしやすくなります。

　これを頭のなかだけでやろうとすると「どうせムリよ」とあきらめてしまいがちです。まずはきちんと言葉にして、潜在しているあなたの夢や願いをどんどん自由に書き出してみましょう。

Part.4 Being myself

●イメージが現実をよんでくる

　最近では、イメージトレーニングが、がんやエイズの治療などでも活用され、人の免疫力や自然治癒力、潜在能力を引き出すことで知られています。

　スポーツ選手も、肉体を鍛える訓練のほかに、イメージトレーニングをとても重視しています。

　たとえばオリンピック選手のランナーは「絶対に自分が一等でテープを切ってやるんだ！」と、その自分の姿をくり返しイメージして、潜在意識に働きかけるわけです。0コンマ何秒のわずかの差のところを、最終的には、そのイメージの強さ、念の力の差が勝敗を分けるといわれています。

　本来、人は誰でもそうした潜在的な力をもっていて、その人ならではの気質や個性に応じた長所や才能、すばらしい「天分」をもっているんですね。まさに、ひとりひとりが、この世にたったひとつのすばらしい花を咲かせるための「種」をもって生まれてきます。

　自分はどんなことが得意だったり、好きだったりするでしょう。「特に好きなこともやりたいこともないわ」という人は、「ない」のではなく「忘れている」だけかもしれません。子どものころ、好きだったことや興味があったこと、なりたかった

ものなどを思い出してみましょう。子どものころの素直な夢や願いというのは、その人が本来もっている力や才能、また自分自身の使命につながったりしています。

　ちょっとでもそれを「願う」ということは、あなたのなかにその願いに通じる力の種があるということ。

　ちなみに私は小学校のころ「学校の先生になりたい」と思っていました。小さい子の面倒を見るのが好きな子だったんですね。その後、学校の先生にはなりませんでしたが、今いろんなところで講師をしたり、学校に行って子どもたちに授業をすることもあります。高校生のときには「生きる勇気がわいてくるような本をつくりたい」と思っていました。この本もこれまでの仕事も、そんな10代のころの私の願いとずっとつながっています。

　「看護師さんになりたい」と思っていた人は、「弱っている人や困っている人の力になりたい」という魂の目標をもって生まれてきたかもしれません。「絵を描くのが好き」という人は、たとえ画家という職業ではなくても、アートにひかれる感性やセンスがあったり、それで誰かを喜ばせる力をもっているかもしれません。

　そうした自分の魂の求める方向性に気づくと、内在していた力がどんどん発揮され、必要なサポートやチャンスも呼びよせられてきます。だからどうかあきらめずに「私はきっとこうなる」とイメージしてくださいね。

Part.4　Being myself

自分の夢をかなえよう！

Step.1 自分の希望を明確にする

自分の願いや希望、今、自分がしたいことを、自由に書き出してみましょう。できる・できないにとらわれず、まずは潜在的な自分の欲求に気づき、意識化するために、思いつくまま自由に書いてみましょう。

例　オイル・マッサージで心身をゆったり癒したい／ひとりで北海道を旅行したい／運転免許を取りたい／英会話を習いたい／子育て支援のNPO活動をしたい／自宅でパソコンを使ってできる仕事をはじめたい

Step.2 具体的なプランを立てる

ステップ1で書いた自分の願いを実現するために、実際に何が必要か、どんな準備がいるか、誰にどんな援助や協力を求めるか、希望実現のための具体的な行動プランを立ててみましょう。

例　やりたいことや始めたい学習の情報収集をする／ベビーシッターや保育所を探す／予算を立てて貯金をする／長期的なプランをたててスケジュールを組む／子どもの送り迎えの調整について家族や友人に援助を頼む／夫に家事の分担を提案する

Step·3 主張的に表現する

ステップ2のプランを実行するために、自分の要望を誰にどう伝えたいか、家族や周囲の人にどのように援助や協力を求めればいいか、具体的にあげてみましょう。

そのとき、自分のいいたいことを「私は〜したい」「私は〜してほしいと思っている」という、主張的な表現にして書き出してみます。そして自分のいいたいことが明確になったら、それを実際に相手にアサーティブに伝えている自分の姿を、くり返しイメージしてみましょう。

実行に移す前には、まず腹式呼吸で心身を整え、安定した状態で、本番にのぞみます。緊張したり感情的になったりせずに、落ち着いてイメージ通りに自分のいいたいことが気持ちよく伝えられるでしょう。

例 「週に1回、私自身のリフレッシュのためにヨガのクラスに通いたいの。子どものことは、土曜日の午前中ならあなたも休みで家にいるし、無理なときは母に頼もうと思ってる。日頃のストレス解消にもなるし、私が健康でハッピーでいれば、きっと家族にもプラスになって還元できると思うわ。どうかしら？」「昔の職場の同僚から、パソコンでデザインの仕事を手伝ってほしいと話があったの。毎日通わなくても在宅でもできるし、私も自分の力を生かしてぜひやってみたい。そこで少し家事分担の協力についてあなたに提案があるの」

Part.4 Being myself

自分も子どもも犠牲にしない
Don't sacrifice your children nor yourself

Column

お母さん自身が、自分を大切にして、自分の夢や目標をもって生きていくことは、けっして子どもを犠牲にするということではなく、自分も子どもも大事にしながら、バランスをとって生きることだと思います。

私も、子育てと仕事を両立していくうえで、しんどくなって悩むこと、「もうやめちゃおうか」と思うこともありました。

ある夜、原稿の締切に追われて徹夜していたとき、5歳の息子が寝床から起きてきて「お母さん、おなか痛いよ～」と訴えてきました。夢中になってパソコンに向かっていた私は「ごめん、今、手が離せないんだ」といって、しばらくしてからハッとして、あわてて、ひとりで寝床に戻った息子を追いかけてあやまりました。「ごめんごめん、おなかが痛いんだね、どのへん？　おなかあっためてあげようね」と、子どものおなかに手を当てて「よくなれ」と光をイメージしな

がら、しばらく静かにじーっと手当てしていました。

やがて「ああ、痛くなくなってきた〜」と安心したようにいう子どもの言葉を聞いて、思わず、ホロリ。きっと息子は、ただそばにいてほしかったのでしょう。なんで最初から一緒に寝てあげられないんだろう。子どもにこんな寂しい思いまでさせて、私は何をしてるんだろう。子どもの権利なんていってても、わが子は後回しになってるじゃないか。そう思うと自分が情けなくなりました。

「ごめんね。いてあげたいときにいてあげられなくて。あんたにこんな思いまでさせて、お母さん仕事やってる意味ないよ。もうだめだ。もうやめよう」

このときばかりはさすがに、もうつづけられないと思ったのでした。すると、息子にいわれました。

「どうして？　それはお母さんが好きでやってるお仕事でしょう。自分で選んだことでしょう。お母さんはお母さんなんだから。やめたらだめだよ。ぼくのためにやめるなんていやだよ。がんばりなよ」

というと、突然元気よく立ち上がって「フレーフレー、と・し・こ！」と応援団の手振りでエールを送る息子に、びっくりするやらおかしいやら。泣き笑いの一夜でした。

息子のいうとおり。「あんたのために私は○○をあきらめたのよ」という親にはなりたくない。そして子どもにも「親のために」生きなくてもいいと伝えたい。

わが子を犠牲にしない、でも自分も犠牲にしない。その兼ね合いというのは、やっぱりそのつど揺れながらバランスを取っていくしかありません。だけど一方に傾きそうになると、子どもがいろんなサインを出してきます。完ぺきにはいかないけれど、そのサインに気づいていられるように努力したいなあと思っています。

Part.4 Being myself

ありのままの自分を生きる

Chapter ⑪

ありのままの私と
ありのままのあなたが
認めあい、尊重しあって
生きていくために

●変えられるものと変えられないもの
（平安の祈り）

　最後の章になりました。ここで、私の好きな二つのお祈りを、みなさんにお贈りしたいと思います。

　　神さま、私にお与えください。
　　変えられないものを受けいれる心の平安を。
　　変えられるものを変える勇気を。
　　そしてその二つを見分けられる賢さを。

　この「平安の祈り」は、とらえ方によっていろいろな意味

合いにとれるお祈りです。変えられないものというのはなんなのか。変えられるものはなんなのか。すごく考えさせられるお祈りです。

　私がこの言葉を自分の部屋や台所に貼っていたのは、子どもが生まれてから1歳半ぐらいのころでした。どうしても泣き叫ぶわが子を心おだやかに受けいれられない。おっぱいをせがんで、痛くてヒリヒリする乳首に吸いついてくる子どもを受けいれなくちゃと思いながら、葛藤したり拒否したり。そういう自分を落ち着かせて、見直すために、このお祈りを見ていました。

　わが子というのは「変えられないもの」、コントロール不可能なんですね。それをまず、やはり私たち親は肝に銘じなきゃいけないんじゃないかと思います。親というのはどこかで無意識に子どもをコントロールしようとしちゃうんですね。

　でも、わが子もやっぱり他人なんです。他人を変えようと思っても変えられない。お天気のようなもので、コントロール不可能なものは、それなりに自分で受けいれるしかない。

　他者は変えられない。でも、自分は変えることができる。

　もうひとつ変えられないものがあります。過去は変えられない。個人の歴史も世界の歴史も、すでに起こった過去の事実は変えられない。「あのとき私はつらかった」「あのとき私

Part.4 Being myself

は過ちをおかしてしまった」「あのとき親にわかってもらえなくて悲しかった」とか、人それぞれ、過去に負った心の傷や痛みがあるかもしれません。でも過去は変えられなくても、その過去をどう受け止めるか、過去の「見方やとらえ方」は変えられるはずです。

　そして現在、未来、それは今この瞬間から変えられるんです。今ここからはこうしたい、こう生きたい、と決めたときから変われるんです。過去のあらゆる体験を経てきて今の自分がいる、その自分を受けいれ、過去のマイナスをプラスの力に変えて、さらにすばらしい未来を創っていける。まさに「痛み」は「恵み」に転化していけるんですね。未来に向けて自分が立てた目標が揺らぐときもあるかもしれません。けれどそのたびにまた目標をつくればいいわけです。

　そして、それには勇気が必要であるとこの祈りはいっています。じつは自分を変えるということは最初は怖いことかもしれません。なじんだパターンというものがありますから、それを変えていくには相応の努力と意志の力がいるわけです。たとえば、夫や周囲の人に自分の要求を伝えることひとつとっても、大変なことかもしれません。仕事を見つけたり、新しいことをはじめたりするのに、すごく時

間がかかるかもしれません。

　でも、私は私の意志でこうするんだと決めるということ。そして勇気をもって変えていく。その勇気とは、何があっても自分を愛し、信じつづける力ではないかなと、私は思っています。

●私は私、あなたはあなた
（ゲシュタルトの祈り）

　　　私は私、あなたはあなた。

　　　私は私のことをやり、あなたはあなたのことをやる。

　　　私はあなたの期待に応えるために

　　　この世に生きているわけではない。

　　　あなたは私の期待に応えるために

　　　この世に生きているわけではない。

　　　偶然、二人が出会えば、すばらしいこと。

　　　出会えなければ、どうにもしかたのないこと。

　これはゲシュタルト・セラピーという心理療法で使われている祈りの言葉です。ちなみに私はこれもトイレの扉の内側に貼って、よく読み上げていました。

　「私は私、あなたはあなた」と自分にいい聞かせながら、浮

Part.4 Being myself

かんでくるのはつれあいなんですが、「このゴミ捨てといてといったのに、また出してない！」とプンプンしながらトイレに入ってこの祈りを見ると、「ああ、違う、なにもあの人は私のゴミを出すために生まれてきたわけではない」といい聞かせるわけです（笑）。

　私たちは家族やパートナーについ「これぐらいしてくれて当然でしょ」と期待しちゃうわけです。でも「当然でしょ」という思いが相手との関係を占めていくと、とても窮屈で不満がつのっていきます。たとえば女性の場合、「結婚したら家庭に入るのが当然」「ごはんつくって待っててくれるのが当たり前だろう」という態度をされたらムカッとしますよね。だからお互いをそういう期待で縛りあわない。

　それから、これを読んで泣き出した17歳の女の子がいました。「私はお母さんの期待に応えるために生まれてきたんだと、何度も思いました」と。今はこういう子どもたちが多いんです。「私は私だよ、お母さん。お母さんはお母さんの人生だよ。お母さんの人生を、どうか私に託さないで。私をいい子にするために、私をいい学校へ行かせるために、自分の人生を犠牲にしないで。お母さんはお母さんのことをやってちょうだい」という10代たちとたくさん出会います。

　お母さんが一生懸命注いでくれる愛情が自分には負担で重

い。でもそれは本当は、愛情という名のエゴであり、支配でありコントロールですね。

　今、子どもを産んで親になった若いお母さんたちも、そんな親の期待に応えてがんばって生きてきた元少女たちが少なくありません。そんななかで、やはり、わが子にも同じ「がんばり」を求めてしまいがちです。「私だって、ピアノも勉強も文句いわずやってきたんだから」「私はもっと妹や弟のためにがまんしたんだから」と。自分に強いられたものを、無意識のなかでまたわが子に強要してしまいます。

　でもそんな期待と支配の連鎖をこえて、あなたはあなた、自分は自分のことをやるんだということをめざして生きていく。そんなありのままの自分を生きるうえで、どうにもわかってもらえないこと、認めてもらえないこと、つまり「出会えないこと」もあるかもしれません。でもそれは「仕方のないこと」として受けいれ、わかりあえる人や子どもとの新たな出会いを、どうか大切に生きていってほしいと思います。

　この二つのお祈りが、人生のいろいろな場面で、少しでもあなたの力になり、お役に立つことを、心から願っています。

あとがき

「なぜ北村さんは"自己尊重"をテーマにしているのですか?」とよく聞かれます。

いろんな理由があって、いつも一言で答えるのは難しいです。でも一番には、「自分を愛すること」は、いのちの本質だと思うから。そしていのちは、「愛し愛されることを学ぶために生まれてくる」と思うからです。

私はずっと子どもたちを取材してきましたが、30歳で子どもを産んで、自分が親になってから、今までにはないしんどいことが起こって、そんな自分をなんとかしたくて、自分で自分を癒やすためのトレーニングをはじめました。

そして気づいたのは、子どもを愛してあげなくちゃと思うまえに、もっと大切なのは、私がまず自分自身を受けいれ愛してあげることなんだ、ということでした。

それから、今の自分を愛するだけでなく、7歳、5歳、3歳…と、過去の自分を思い出し、あるがままを認めていくうちに、自分の無意識の底にあった記憶を次々に思い出していくことになりました。

ものごころついたころ、私は父とも母とも別れて暮らしていて、表層意識で覚えていた一番古い記憶は、両親のかわりに3歳ごろから私を育ててくれたおばあちゃん、祖母の記憶でした。

祖母は自転車の荷台にダンボール箱をくくりつけ、そこに小さな私を入れて、山や田んぼやいろんなところへ連れて行ってくれました。おばあちゃんが山で育てた桃を口いっぱいにほおばりながら食べたこと、そのときの甘い香り。夏の山のセミの鳴き声、麦藁帽子をかぶって草むしりをしていた祖母の後ろ姿、そして振り返って私を見たときの、汗だらけの満面の笑顔。覚えているのは、そんなおばあちゃんの愛情に、幼い私は守られるように生きていたということです。

けれどそれ以前の記憶、特に両親との記憶はまったくありませんでした。

でも、もっと過去の、もっと小さなころの自分の記憶を思い出すようになった私は、ある日、「生まれてくる瞬間」のことを思い出しました。

お母さんのお腹のなかにいるときの自分、まわりは真っ暗でしたが、柔らかくて、あったかくて、安心できる場所でした。そこで私は丸くなって膝をかかえて、「うふふ、うふふ」と笑っていたんですね。ほんとにうれしそうに。今そのときの感覚を思い出しても、笑っちゃうんですけど、なんだかすごくわくわくして、うれしくて、楽しみにしてるんです。「早く生まれたいなあ、楽しみだなあ」って。
　生まれる瞬間がきて、私は、狭くてきゅうくつな産道を、一生懸命、上へ上へと頭を押し上げて、力をこめて進んでいました。けれど途中で頭がつっかえて、首もしめつけられるように苦しくなって、行き詰まってしまったんですね。それでも「生まれたい！」と思いながら、グッと渾身の力をこめたとき、何かをつきぬけるように突然ふわっとからだが軽くなりました。その瞬間、「守ってあげたい」という感覚、「愛したい、助けたい」という強い意識に包まれました。そのときのことを言葉でいい表すことが今でもうまくできないんですけど。とにかくその瞬間、滝のようにドッと涙があふれだしました。

　そしてはっきりと気づいたのは、私は私の意志でここに生まれてきたということ、この両親のもとに生まれ、「愛したい」「助けたい」と願って生まれてきたこと。それを自分で選んで望んで生まれてきたのだと、はじめて知りました。
　そう気づいた瞬間、私は、これまでの自分の人生に起こったこと全部を、「OKだ」と、受けいれることができたんですね。親と別れて生きざるをえなかったことも、6歳になった私を迎えにきてくれた母を、一生懸命、助けたいとがんばっていたことも。そしてせっかくまた一緒に暮らせるようになった父が、12歳の私を残して、病いのなかで自らいのちを絶ってしまったことも…。それからの年月、そんな父を「どうしてもっとわかってあげられなかったのか、助けてあげられなかったのか」と自分を責めながら、それでも光を探しつづけてきたことも。
　そのすべてが、私が「私」になるために必要なプロセスだったのだと気づきました。

　これまでの年月があり体験があり、だからこそ私は、人のいのちがどれだけかけがえのないものか、強くなくても立派でなくてもいい、生きていてくれる

だけでいい、そのいのちの尊さを、悔やんでも悔やみきれないほど思い知り、理解したこと。そしてだからこそ、もう誰も自分を否定してほしくない、自分を肯定し大切にして生きていてほしい。その願いが、より強く深く私のなかに根をおろし、そのために自分を生かしたいと刻みこまれていったこと。

　こうして自分が体験し理解したことのひとつひとつが、今の「私」を創り、生まれてきた本来の「私」の意志を、さらに育み、鍛え、生かしてくれていたんだと、わかることができました。

　講座のなかで、いろんなお母さんたちの悩みを聴いていると、こんなふうにおっしゃる人がいます。

　「私なんかのところに生まれてきて、子どもがかわいそう…。私なんかより、もっとやさしい、もっといいお母さんのところに生まれてきたら、子どもはもっと幸せだったろうに…」と。

　そう思ってしまうつらさは、わかります。私だって、何度もそう思うことがありました。でもね、今はそうは思いません。

　たとえいいお母さんでなくても、完ぺきでなくても、その子にとってやっぱり「あなた」が、ほかの誰でもなく、この世に唯一無二の、かけがえのないお母さんだと、私は思うんです。

　誰がなんといおうと、この子にとって、私はこの世にひとりの最高のお母さん。愛することを教えるために、ここに生まれてきてくれた。ありがとう。

　そんなふうに、ほかの誰でもなく、あなたを母として、あなたのもとへ生まれてきた子どもとの、唯一無二の奇跡のようなその出会いを、よろこび、肯定してもらえたなら、それだけで私はもうこの本を書いた甲斐があります。うれしいです。

　ある夜、小学校でか雑誌でか、数の単位を学んだ息子が、布団のなかでにこにこしながらいいました。

　「お母さん、億より大きい数の単位って知ってる？　一兆、一京…、それからね、一番大きいのは無量大数で、宇宙は無限大なんだよね」

　息子は宇宙とか天文学的な話が大好きです。

　「でさ、思ったんだけど、ぼくとお母さんが出会った確率って、すごいことな

んだよね。こんなに広い、無限大の宇宙のなかで、ぼくがお母さんのところに生まれてきたっていうのは、宇宙ぶんの一の確率なんだよね」

　目を丸くして布団のなかでささやく子どもを、思わずぎゅうと抱きしめました。

「ほんとにそうだよね。こんなややこしいお母さんのとこに、よく生まれてきてくれたね。ありがとう」

　少しテレながら笑って息子がいいました。

「まあ、しょうがないよ、ぼくが選んだことだからさ」。おそれいりました（笑）。

　やがて、もっと大きくなって、ぎゅうと抱きしめることもできなくなるでしょう。こんなかつての会話も忘れて「好きで生まれてきたわけじゃねえ！」と毒づかれる日も来るかもしれません。それでも私は、たとえ何年たっても、何があっても、この気持ちは変わりません。

「ここに生まれてきてくれて本当にありがとう。誰がなんといおうと、あなたが大好きだよ」

　愛するために、そして愛を教えるために来てくれた子どもに、今あらためて感謝です。

　　　　　　　☆　　　　　☆　　　　　☆

　さてこの本も、多くの愛に支えられ、長い産道をくぐりぬけるようにして生まれました。

　その難産に、最高の産婆となって寄りそいつづけ、励ましつづけてくれた学陽書房編集部の山本聡子さん、あなたがいてくれたから、この本は生まれることができました。本当にありがとう。制作担当の根津佳奈子さん、新装版にあたって担当してくださった藤谷三枝子さんにも感謝です。

　そして、あるがままの私を受けいれ支えつづけてくれた家族や友人たち、今日まで私を生かしてくれたすべての出会い、すべての人、すべての力に、感謝するとともに、今の「私」を育んでくれた母と父に、最大の愛と感謝をこめて、この本を捧げます。ありがとう。

　　２００６年５月

　　　　　　　　　　　　　　　　　　　　　　　　　　　北村　年子

北村年子 (きたむら・としこ)

自己尊重ラボ Be Myself 代表・自己尊重トレーニングトレーナー。ノンフィクションライター。ラジオパーソナリティ。

親や教師、子どもの自尊感情を育てる自己尊重ワークショップやマインドフルネス講座をはじめ、子育て支援、いじめ・暴力防止などの講演・研修会も精力的に行っている。2010年女性のための人権活動が認められ第6回やよりジャーナリスト賞受賞。ホームレス問題の授業づくり全国ネット代表理事。ＦＭヨコハマ等でラジオパーソナリティとしても活躍。

著書に『ま、いっかと力をぬいて 幸せなママになるレッスン』（赤ちゃんとママ社）、『「ホームレス」襲撃事件と子どもたち──いじめの連鎖を断つために』（太郎次郎社エディタス）、『子どもに「ホームレス」をどう伝えるか──いじめ・襲撃をなくすために』（ホームレス問題の授業づくり全国ネット）など。

▼講演会・ワークショップ等のお問合せは、
自己尊重ラボ Be Myself　https://labo-bemyself.com/

おかあさんがもっと自分を好きになる本
子育てがラクになる自己尊重トレーニング

初版発行　2003年12月1日　　4刷発行　2004年11月25日
新装版発行　2006年6月28日　　11刷発行　2019年4月15日

著　者　北村年子（きたむらとしこ）
発行者　佐久間重嘉
発行所　株式会社学陽書房
　　　　東京都千代田区飯田橋1-9-3　〒102-0072
　　　　営業部：TEL.03-3261-1111　FAX.03-5211-3300
　　　　編集部：TEL.03-3261-1112
　　　　振　替：00170-4-84240
　　　　http://www.gakuyo.co.jp/

本文デザイン／ケイ・クリエイティブ　　装丁／こやまたかこ
イラスト／大森裕子　　写真／稲垣秀一
印刷所　文唱堂印刷
製本所　東京美術紙工

©Toshiko Kitamura 2006, Printed in Japan
ISBN978-4-313-66043-4
乱丁・落丁本は、送料小社負担にてお取り替えいたします。